JN227462

志水宏吉著

学力を育てる

岩波新書

978

はじめに

今から五、六年前に勃発した「学力低下論争」は、現在(二〇〇五年秋)では収束期にあり、文部科学省は、従来の「ゆとり教育」路線から、「確かな学力」という言葉を合言葉とした「学力向上」路線へと政策転換したかの感がある。

理系大学生の学力低下からはじまり、子どもたちの国際学力比較調査の点数の落ち込み、算数・数学および理科ぎらいの増加、全般的な学習意欲の低下、「学びからの逃走」、さらには学力の二極分化傾向の顕在化、階層状況との関連性の増大、フリーター・ニートとなる若者の数のさらなる拡大など、さまざまな現象が取りざたされた。そして、それらの現象と、日本社会の構造変動、バブル崩壊後の景気停滞、「勝ち組」と「負け組」の顕在化、「ゆとり教育」と称される教育改革の動向、子どもたちを取り巻く大衆消費社会状況とマスメディアによる包囲、家族解体による育ちの環境の変化等々の要因の関連性が、さまざまな形で論じられてきた。

「子どもたちの学力」をめぐる言説状況は、まさに百家争鳴の観がある。

一体、真実はどこにあるのか。そもそも子どもたちの学力は、低下しているのか、していないのか。低下している、あるいは格差が拡大しているとしたなら、それは主としてどのような要因にもとづいているのか。さらには、子どもたちにとっての、のぞましい学力とは、そもそもどのようなものなのか。それを身につけさせるためには、私たち大人は、何を信じて、子どもたちとどのように関わっていけばよいのか。

本書では、それらの問いに対する、私なりの回答を示していきたい。

*

私が「学力」の問題に本格的に関わるようになったのは、今から五年ほど前、前任校である東京大学教育学部在職中であった。当時の同僚である苅谷剛彦さんや市川伸一さんらと学力問題プロジェクトを立ち上げ、二〇〇一年度の終わりには、本書第2章でふれる学力調査を実施した。その速報である、『調査報告「学力低下」の実態』を岩波ブックレットから出したのが、二〇〇二年の秋のことである。二〇〇三年度から大阪大学に移った私は、移ると同時に、本書の第4章でふれる小学校でのフィールド調査をスタートさせた。その成果をまとめたものが、二〇〇三年末に同じく岩波ブックレットから出版した『公立小学校の挑戦』である。さらに二〇〇四年には、大阪市立大学の鍋島祥郎さんを代表とする大阪の研究者グループで、「学校効果調査」という新たな調査を実施した。その調査プロジェクトは現在も継続しており、その結果の一部を第2章で紹介する。他方、東大時代に行った調査の総決算として、昨年(二〇〇四)末に『学力の社会学』(苅谷・志水編、岩波書店)を出版したので、関心のある方はそちらもご参照いただければと思う。

本書では、これらの調査研究から見出された知見を随時おりこんでいく形で、学力の問題をできるかぎり具体的に論じたいと考えている。

内容構成について、ふれておこう。

まず、冒頭の「プロローグ」では、私自身の個人的経験を振り返ることを通じて、本書で展開する主要な論点を提示したい。

続く第1章が、本書の背骨をなす部分である。ここでは、議論を展開するうえでのキーとなる「学力の樹」の考え方を呈示したい。「学力の樹」とは、統一体としての学力というイメージを具体化するために、私が思いついたアイディアである。このメタファーを通じて、「知識・技能」「思考・判断・表現」「意欲・関心・態度」などからなる学力の全体像を、私たちは容易に思い浮かべることができるようになるだろう。

第2章では、「二〇〇一年東大関西調査」「二〇〇四年学校効果調査」という二つの調査データを中心に、今日の小中学生の、「目に見える学力」の現状を明らかにする。具体的には、子どもたちの学力水準の低下、学力格差の拡大、学力と家庭環境との相関の強まり、学力格差を克服している学校の存在などについて論じたい。

第3章・第4章・第5章では、学力形成に対する「家庭」と「学校」と「地域」の役割について、それぞれ考えてみたい。まず第3章では、学力形成に対する家庭の役割について論じる。ヨーロッパで展開されてきた「文化的再生産論」の視角を援用しながら、家庭の教育環境が子どもたちの学習意欲・学習態度に大きな影響を及ぼすことを通じて、今日の学力格差を生み出している様子を描き出してみたい。

第4章では、学力の階層間格差をかなりの程度克服している学校に注目する。私が「力のある学校」と呼ぶいくつかの学校の事例を取り上げ、その教育活動を通じて、子どもたちの基礎学力の保障がどのように実現されているかを論じてみたい。

さらに、第5章では「地域社会」の役割について検討する。子どもたちの学力の伸びが著しい学校では、例外なく教師集団のまとまりがよいが、同時にそれらの学校では、家庭・地域との連携関係のもとに子どもたちを育てていこうという志向性を強く有している。「子育てや教育を機縁にした新たな人間関係のネットワークづくり」を志向する「教育コミュニティ」の考え方を取り上げ、地域づくりの一環としての学校づくり・学力形成という視点を打ち出したい。
最後に、まとめにあたるエピローグでは、今後の公立学校の役割について、近年の教育改革の動向との関連から論じてみたい。

＊

数年前に、学力の問題について考え始めたとき、学力には、二つの部分がなければならないと感じた。「わける力」と「つなぐ力」である（志水「わける力とつなぐ力」『解放教育』No.三九七、明治図書、二〇〇一年、一八―二四頁）。

「わかる」とは、「分かる」である。物事をちゃんと分けて捉えることができるか。輪郭のぼんやりとした対象をまとまりごとに区切って認識することができるか。それができなければ、世界はピンぼけのまま、霧がかかった状態にとどまる。

しかし、それだけではない。分けられた個々の要素を、今度は、関連づけて把握しなければならない。部分部分をつなぐことによって、ひとつの全体として理解するのである。そのことによって、世界は秩序あるものとして、私たちの前に姿を現すことになる。

要するに、前者は「分析」、後者は「総合」と呼ばれる知能の働きに言及するものである。両者は、バランスよく組み合わされなければならない。一本の竹を思い浮かべていただきたい。

竹は節によって区切られ、そして同時につながっている。竹という植物は、文字通り「分節化」されることによって、樹としての存在を確保しているのである。

子どもたちも、さまざまな場面での学習活動を通じて、まず「わける力」を獲得していく。そして、それに随伴する形で、「つなぐ力」を得ていく。赤ちゃんは一歳前後から「単語」を獲得していくが、三歳児ともなれば、ほとんどの子どもが日本語の「文」を自由にしゃべれるようになる。その発達ぶりは、真に驚嘆に値するものである。

その後の学校教育のプロセスを通じて、子どもたちには、さらに高度な「わける力」と「つなぐ力」を身につけることが期待されるわけだが、そこでひとつの深刻な問題が浮上してきている。すなわち、近年の学力低下論争をまつまでもなく、子どもたちの学力、とりわけ「つなぐ力」の方の衰えが憂慮されるようになっているのである。いわゆる「考える力」の低下などとされる事態である。

この点に関して、私はひとつの仮説を有している。それは、これまで述べてきた知的な側面での「わける力」と「つなぐ力」は、その子どもの、情意・行動的側面での「わける力」と「つなぐ力」に密接にリンクしているのではないかというものである。

情意・行動的側面での「わける力」とは、端的に言うなら、「自分自身を周囲の人たちとは独立した存在と捉える気持ち、およびそれにもとづいて行為すること」を指す。平たく言えば、自律性・独立心といったものである。他方、情意・行動的側面での「つなぐ力」とは、「自分自身の認識や生活を他者や世界と関連づけ、積極的に関わろう・つながろうとする気持ちや行動」を指すと考える。言い換えるなら、コミュニケーション能力・連帯感などが、それに相当する。

知的側面と同様に、ここでも「わける力」が「つなぐ力」に先行するように思う。すなわち、「自分は一人なんだ」(=「自分は取り替えのきかない独自の存在なのだ」)と気づくところから、真に豊かな人間関係づくりが始まるのではないか。自他の区別をよくわきまえた人こそが、周囲の人々と確かな信頼関係を取り結ぶことができる。

それとは対照的に、そもそも情意・行動面での「わける力」を有していない人は、いわば付和雷同型の、はげしく他者に依存する行動をとりがちだろう。また、「わける力」はあるが、「つなぐ力」をいまだ十分に有していない人がいるとすれば、その人は、対人関係のセンスやスキルを不十分にしかもたず、日常生活のさまざまな局面において孤立しがちになってしまうだろう。

子どもたちの知的側面における「つなぐ力」が弱まっているとすれば、それは、情意・行動面における「つなぐ力」の衰弱がひとつの原因となっているのではないか。一般に言われる「学力低下」と、たとえば「社会性の低下」などと称される事態は、実は、コインの裏表と言ってよい現象なのではないか。子どもの「頭」のなかで起こっていることは、彼らの「心」と「体」のなかで生じていることと、不可分な関係にあるのではないか。

「学力」を考える際には、このような両者の関係性をまず視野に収めておかなければならない。そして、子どもたちの学力をどのように育てていくかを構想するためには、知的なトレーニングに偏った対処法を編み出すだけでなく、子どもたちが育つ場のあり方、家族やクラスメートとの人間関係の質を総合的に問い直していくことが必要なのである。

本書で私が展開したいと考えているのは、このような学力観をベースにした、学力育成の具体的な方法論である。

目　次

目　次

章扉イラスト　小池みさ

プロローグ

―私の「学び」との出会い―

家と家族

私は、一九五九年、兵庫県西宮市に、小さな材木屋の長男として生まれた。

私の家は西宮市の臨海部にあり、今も私は、両親とともにそこで暮らしている。「灘の生《き》一本」と呼ばれる清酒を産出するうえで欠かせない、「宮水《みやみず》」と称される地下水が湧出している地域が私のふるさとであり、そこは現在でも、清酒メーカーの工場が多数立地している酒造地帯である。一九九五年に阪神大震災が私たちを襲ったとき、多くの酒蔵や工場が文字通り崩壊した。しかし、地元の酒造メーカーは、多くの被害をこうむっていたにもかかわらず、自らの「井戸」を被災した市民に開放し、復興に少なからぬ貢献を果たしたのだった。

今年(二〇〇五年)は戦後六〇年という節目の年だが、私が生まれたのは、終戦後まだ十数年しか経っていない時期ということになる。幼い頃の記憶として、家の前の道路を自衛隊の戦車が通っていたシーンが残っている。また、土曜日の午後などに、第二次世界大戦時のゼロ戦や戦艦の映像がよく流されていたことを思い出す。すでに町には、戦災のツメ跡などあとかたもなかったわけだが、自分が生まれたのがそのような時代であったと思うと、何か感慨深い。食べ物の不満を言う私たちきょうだいに対して、両親はこう言ったものである。「ぜいたく言わずに、出されたものをちゃんと食べなさい。戦争中は、芋の茎や葉っぱまで食べたもんや」。そう言われるたびに私は、「何言うてんねん。今はお父さんもお母さんも芋の葉っぱなんか食べてないやん」と、心のなかで呟いたものである。

私が五歳ぐらいのときに、家のトイレが、汲み取り式から水洗便所になった。また同時期に、家に大きなカラーテレビが入ってきた。祖父が材木屋を営んでいたわが家は、経済的にはかなり羽振りがよく、おそらく近隣の家々に先んじてそれらの「文明の利器」が導入されたのではないかと想像する。その家に、長男として生まれた私は、「材木屋のぼんぼん」として育てられることになる。

当時の家族は、祖父母に両親、私、弟、妹の七人。それだけでも大家族と言ってよいのだが、その他にも、お店で働いている職人さんたちやお手伝いさん、あるいはおじ・おばやいとこたちが、ことあるごとに本家であるわが家に集まってくるというのが、志水家のスタイルであった。一二月三〇日に行われる「餅つき」、そして元旦の「お年始」には、毎年四、五〇人の人間が集まってくる。うれしいことに、その光景は、今日にいたるまで基本的に変わっていない。この大家族が、私の人格形成に与えた影響は決して小さくない。

さて、子ども時代の思い出として最初に浮かんでくるのが、「ぜんそく」である。私は幼児期から小学校低学年にかけて、かなりひどい小児ぜんそくであった。そのため、低学年のときは学校のプールに入れず、いまだに私は泳ぎが不得意である。今から振り返るなら、ぜんそくを患った原因の一端は「過保護」にあったのだと思う。とりわけ明治生まれの祖母は私をかわいがり、冬になるとおばあちゃん感覚でかなりの厚着をさせられ、外へ遊びにも出させてもらえなかった。

いずれにしても、発作が出るたびに、私は死ぬような苦しみにおそわれた。胸が「ゼーゼー」と鳴り、息苦しくて夜中になっても眠れないのである。吸入器薬を胸に送り込むと、呼吸は楽になるのだが、何度も使うとすぐにその効果はなくなる。そのようなとき、敬虔《けいけん》な仏教徒であった祖母は、私の額に手をあててお経を読んでくれたものである。そうすると、苦しみ疲れた私は、ほっとした気分になり、ようやく眠りに落ちることができたのであった。あれから四〇年ほどの歳月が流れたわけだが、大げさではなく、あのぜんそくの発作ほどの苦しみに、その後私は見舞われたことはない。あれに耐えたのだから、たいがいのことには耐えられるという自信がある。

＊

当時一家の大黒柱であった祖父は、明治末年生まれ、「シベリア帰り」であった。姫路からずいぶん奥に入った所にある小学校を出た後、町の材木屋で修業を積み、やがて西宮市で商売をはじめたそうである。第二次大戦時には、大陸で工兵として働いていた。なまじ手に職があったためか、終戦後はシベリア抑留の身となり、日本に引き上げてきたのは戦後五、六年経ってからのことだったという。六〇歳を越えるというのに、自分の歯でビールやサイダーのビンのふたをあける豪快な祖父の姿を、私たち孫はまぶしく眺めていたものである。

祖父より数歳上の祖母は、宮崎県都城市の出身。炭焼き小屋の娘で、小学校には四年生までしか行かなかったそうだ。何でも、二歳上の姉と二里(八キロ)ほど歩いて小学校に通っていたが、姉が卒業すると同時に、一人では淋しいので自分も行かなくなった、ということだった。戦後の混乱期には、私の父を頭に四人の男の子がいたため、祖父の留守を女手ひとつで守るのはさぞかし大変だっただろうと思う。私にとっての祖母は、ひたすらやさしい人だった。よく覚えているのは、いつも祖母が新聞やテレビ画面の字幕を見ながら、字を覚えようとしていた姿である。「宏ちゃん、これ何て読むンやいな」「これ、何ちゅう字ィやあ?」。小学生の私に、しきりに漢字の読みや書き方を尋ね、そして手でなぞるのである。祖母の、釘で書いたようなとがった感じのする、カタカナと漢字交じりの文は、子どもの目には大変不思議なものに映った。

昭和九(一九三四)年生まれの父は、まじめひと筋と言ってよい人間である。今でこそ、お酒も飲むようになり、海外旅行やカラオケスナックにも出かけるようになっているが、若い頃はひたすら祖父の片腕となって、家業に励んでいた。五〇歳になるまで、およそ「遊び」には縁のない人生だったのではなかろうか。長男として母親を助けるために、私の父は、昭和二二(一九四七)年に発足した新制中学校にもロクに通わなかったようである。学歴としては中卒ということになるだろうが、実質的には学校教育のメリットをほとんど受けずにこれまで生きてきたはずだ。ただ、勉強することは大好きな父だった。「独学の人」と言ってよい。私が小学生の頃は、しばしばキリスト教会に連れていってもらった。別にクリスチャンなのではなく、キリスト教の勉強になるからと、見ず知らずの教会に飛び込んだのがきっかけだったようである。また、世界の聖人たちの思想に共通する要素を取り出したという、ある学問というか、「教え」に傾倒したのもこの頃であった。私は父に連れられ、「座談会」という名の、ふつうの人たちの家で夜にもたれる勉強会によく参加したものである。のちに私は、その学問をバックボーンとする、全寮制の私立高校に進学することになる。

母は父より五歳ほど下である。宮崎県日南市の中学校を卒業したあと、遠縁にあたる西宮のわが家でお手伝いさんとして働くようになり、やがて父と結婚した。私は母が一九歳のときの子どもであるから、ずいぶん早くに結婚したものである。若い頃の母は、本家の嫁として、また大家族をかかえながら自営業を切り盛りする祖母の補佐役として、大わらわだったに違いない。今のお母さん方のように、子どもに「愛情」を注ぐ時間も心理的余裕もなかっただろうと思う。そんな母も、私たちが寝る前には、時々絵本や物語を読んできかせてくれることがあった。私は、二歳下の弟、そのまた一つ下の妹と三人で、いつも川の字になって寝ていた。特に印象に残っているのが、『ながいながいペンギンの話』という物語だ。主人公は、ルルとキキというペンギンのきょうだい。夢中になって私は、ルルとキキの世界に入り込んだ。題名通り、五歳か六歳の私には、その話はずいぶん長いものに感じられた。私は、本好きな部類の少年であったが、その原点となったのがこの本である。

先にもふれたが、大家族の人間関係のなかで長男として育ったことが、私という人間のベースをなしている。そして、私を取り巻く大人たちは、決して「学」のあるタイプの人々ではなかったが、それぞれが自分なりの「学び」を追求していた。そうした大人たちの姿を見て育ったことが、私の学力形成にとって大変大きな意味を有していたように思う。

小学校

私の入学した小学校は、市内でも古い歴史をもつ部類の学校だったが、今から振り返るなら、ごく普通の小学校であった。ひと学年に三クラスという、当時の都市部にしては小さめなサイズの学校だった。

ぜんそくで苦しんだ時期もあったものの、私の小学校時代は、平穏かつのんびりとしたものであった。私は、最初から学校になじみやすいタイプの人間だったのだろう。今でも、小学校の担任の先生方の名前はすべて思い出すことができる。いじめにあったこともなければ、学校に行きたくないと思うようなこともほとんどなかった。いやでいやでたまらなかったことと言えば、みんなの前で独唱させられる「歌のテスト」ぐらいのものであった。

鮮烈な思い出として残っているのは、三年生のときのことである。担任のF先生は、三〇代後半の厳格な男の先生であった。算数の時間、かけ算の問題練習をやっていたとき、私は2×3の答えを「8」とノートに書いていた。そして、手を挙げ発表する段になって、「6」が正解であることに気づき、あわてて消しゴムで消し、答えを書き換えたのだった。その姿を見つけたF先生は、私の机の横にやってきて、おもむろに書き換えた「6」の数字の上に乗っかった消しゴムを取り上げ、「ずるいことはするな！」と私を一喝したのだった。顔から火の出るような恥ずかしい気持ちになったことを、昨日のことのように覚えている。三年生のときにどんなことを勉強したか、私は全く思いだすことができない。しかし、F先生に怒ってもらったあの日のことは決して忘れないだろう。

四年生になり、担任はC先生という「お母さん」のような年代の先生となった。ある時先生は、クラスメートのHさん、Mくんと私の三人を、休日に車で近郊のI台地というところに連れていってくれた。それは実は、一、二週間後に行われた社会科の公開授業研究会の下見であった。私は授業研の当日あまり気の利いた発言ができず、先生にすまなかったという気持ちを抱いたことを覚えている。いずれにしても、その下見に連れていってもらった三人は、女子で一番勉強ができるHさん、男子で最もよくできるMくん、そしておそらく三番手であった私である。先生に「特別扱い」されるのは、うれしい気持ちがした反面、子ども心に何となく複雑な心境ではあった。

高学年になっても、私たちの小学校生活はいたってのんびりしたものだった。今と違って、中学受験をする友だちはほとんどおらず、習い事といってもせいぜい習字かそろばんで、スポーツ少年団やピアノ・バレエ等に打ち込むようなタイプのクラスメートもいなかった。私はと言えば、五年生で近所のそろばん教室に通いはじめ、六年生で二級となり、小学校卒業時に止めた。二学年下の弟が、その後一級試験にパスし、私を追い越したときにはちょっと悔しい思いがしたが、それだけのことであった。その後をふくめても、私の習い事は、その二年間のそろばん教室だけで、塾というものを経験したことはない。

五年生の夏休みだったと思う。ヨットマンの堀江謙一さんが出港したことで知られている西宮のヨットハーバーで、小学生を対象とした一泊二日のサマースクールのようなものに参加したことがあった。海の上ではみんなが協力し合い、自発的に動かなければなりません、という話をスタッフの講師がしているときに、その人が黒板に「率先垂範」という文字を書いた。「読み方がわかる人いるかな?」という問いかけに、私はおそるおそる手をあげ「そっせんすいはん……」と答えた。この熟語を知っていたわけではない。個々の漢字の読みを知っていたので、それらしくつないでみたのが、たまたま正解だったわけである。スタッフの人は満面の笑みを浮かべ、褒めてくれた。まわりの小学生たちは、ポカーンとするのみだった。本を読むことが好きだった私は、同級生たちよりもよく漢字を知っている方だったのだろうが、このエピソードは、私の大事な「成功体験」のひとつとなっている。

五・六年生の二年間を担任してくれたのは、二〇代後半の女性のT先生だった。やさしい先生だったが、やさしすぎたためか、ややもすると男子を中心にクラスがざわざわすることがあった。いらだつ先生を尻目に、私たちは好き放題をやっていた。甘えていた。それでも、毎日は平穏に流れていった。学期の終わりの日だったと思うが、ある日、クラスメートのOくんが引っ越しをするということで、挨拶をすることになった。黒板の前に立った彼は、黒板に三つの漢字を書いた。「金○○」。下の二文字は今となっては思い出せないが、彼の本名は「キム」くんだったのである。T先生が言った。「Oくんには、もうひとつキム○○という名前があるんです。引っ越しの前にみんなに伝えたいということで、遅くなったけど今日皆さんに知らせておきます」。「ウソー!」「まさか」「知らんかった……」。私たちはかなりうろたえた。屈託なく一緒に遊んでいたOくんには、実は私たちの知らない別の世界があったのだ。彼は一〇歳か一一歳で、二つの世界を使い分けなければならなかったのだ。うまく表現はできなかったが、私は何か厳粛な気持ちになっていた。

小学校時代を振り返って思い出すことと言えば、右に述べたような勉強面以外でのことばかりである。ただし、日々の授業は、私にとってはおおむね楽しいものだった。音楽と図工は苦手だったが、その他の教科において学校で新しいことを学んでいくのは好きな方だった。塾にも行かず、親も学校の勉強を教えてくれるようなタイプではなかったため、学校の授業が私にとっては「新鮮」なものでありえた、という事情があったかもしれない。成績も、三年生ぐらいからはクラスの上位に入っていたはずであり、私は、教師たちの期待も陰に陽に感じるようになっていた。

中学校へ

一九七〇年代初頭、私は中学校へ進学した。「人類の進歩と調和」というスローガンを掲げた大阪万博が開催されたのが、私が五年生のときであり、時代は高度経済成長のクライマックスを迎えようとしていた。

私が入学した中学校は、校区に市役所や駅前商店街をもつ、市内で最も古い歴史を有する公立中学校であった。生徒は四つの小学校から集まってきており、ひと学年一〇クラス、三五〇人程度が在籍しているという大規模校である。入学式の日、テニスコートの金網に貼られたクラス分けの紙を見ると、一年九組のところに私の名前が出ていた。しかし、知っている友だちの名前がほとんどない。心細い思いをしていると、見知らぬ男子が声をかけてきてくれた。「お前も九組か、俺もや。よろしくな」。ほどなくわかったが、彼は、Y小からやってきた「ムラの子」であった。「ムラの子」とは、同和地区出身の子どもたちのことを指す言葉である。

入学当初は、小学校文化の違いに戸惑った。校区の線引きの関係で、私の小学校からその中学校に来る生徒の数は、限られたものだった。完全に数的マイノリティの立場に置かれたのである。マジョリティを占めるのが、中学校に隣接したH小の子どもたちで、クラスの半分程度が彼らで占められていた。彼らは総じて、元気のよい下町っ子であった。私たちは色合いとしては彼らと似通っていたが、いかんせん多勢に無勢だった。そして、クラスの三分の一程度を占めるのが、K小からの子どもたち。校区に大企業の社宅を多数もつK小からの連中は、私たちとは毛色が大きく異なっていた。ともかく行儀がよく、そして賢かった。「よー勉強のできるやつらやなあ！」というのが、偽らざる印象だった。そして、Y小からやってきた「ムラの子」たち。彼らは、数は少ないが、目立った存在であった。彼らが、「荒れ」の中心にいたのである。

私が通っていた当時、私の中学校は市内でも有数の「荒れた」学校であった。頻繁に窓ガラスを割られ、トイレの扉や便器が蹴破られることもあった。校内外での喧嘩は日常茶飯事であり、対教師暴力が起こることも度々であった。スーパーでの万引きや私立中学校生に対するカツアゲにいたっては、日常的に行われていたと言ってよい。時代の雰囲気というものもあったように思うが、私の中学校の場合は、その「荒れ」の真ん中に、「ムラの子」がおり、「在日の子」がおり、そして「商店街の子」がいた。一年生のときから、コントロールの利かない先生の授業は授業にならず、給食の時間になると食べ物が教室を飛び交うというような光景も見られた。学級委員タイプだった私は、しばしば昼休みにもう一人の男子と、教室を自発的に掃除したものである。

そのなかで私の楽しみは、クラブ活動だった。サッカー部に入った私は、ひげ面の、すね毛を生やした三年生の先輩が、カチカチに固いサッカーボールをはだしでハーフラインより遠くに蹴飛ばす姿をみて、がく然としたものである。最初は声かけとボール拾いの日々だったが、やがて一年生もボールを蹴らせてもらえるようになり、毎日遅くまでボールを追いかける日が続いた。

二年生のある日、私は担任の先生に呼びだされた。一学期か二学期の中間テストのあとだったと思う。先生は私にこう言った。「おい志水、お前今回、学年で四番やったぞ。ようがんばったな!」。その瞬間まで、私は、学年内での自分の位置などを意識したことはなかった。人並みにテスト前一週間の勉強はがんばったし、『Yの悲劇』や『樽』といった推理小説の名作を借りに市立図書館に行くことはあったが、相変わらず塾等へは行かず、そんなに勉強熱心な方ではなかった。どちらかと言うと、K小出身の「勉強おたく」のようなクラスメートをバカにしていた方であった。それが、先生にそう言われた瞬間、欲が出てきたのだった。「よし、今度は一番をとったる」。その後は、卒業まで一番をとったり、とらなかったりであった。しかし、教師の言葉によって、私の学習意欲に火がついたことだけはたしかである。

私は三年生となった。私たち三年三組の担任になったのは、隣の中学校から転任してきた、三〇代前半の野球部顧問の熱血先生だった。ゴボウのように、黒くほっそりとしたその先生は、生徒指導の猛者であり、私のクラスにいた何人かの「ゴンタ」(方言で、「ワルガキ」といった意味)たちをうまく手なずけ、まとまりのあるクラスをつくった。その後、この三年三組から、何と三組の夫婦が誕生することになる。中年になった今でも、すでに引退したその先生を囲んで、私たち仲間はしばしば一杯やることがある。私自身が教育研究を志し、学力問題に取り組むようになった原点も、この三年三組にあると言える。

三年生も二学期となり、進路選択の時期を迎えた段階で、私には、二つの選択肢があった。ひとつは、地元の公立高校。その学校はサッカー部が強く、カリスマ監督のもとインターハイ等にも出場する力をもっていた。今ひとつは、岐阜県の山奥にある全寮制の高校。そこでは、先にふれた「教え」をベースにした、全人教育が行われているという。サッカーをとるか、寮生活をとるか。迷ったあげく、私は親元を離れ、寮生活を送る道を選んだ。

桜が満開の四月初旬のある日、私は西宮を旅立った。父が運転する車を家の前で見送ってくれたのが、三年三組のクラスメートたちであった。彼らに別れを告げたあと、私たちは近所の産婦人科に立ち寄った。その数日前に、母が一番下の弟を産んだのだった。その末の弟が生まれたことによって、私は五人きょうだいの一番上となった。当時母は三五歳ぐらいだから、まだまだ出産可能な年だったわけだが、高校入学を控えた一五歳の私はさすがに気恥ずかしかったのだろう。クラスメートに末弟誕生のニュースを知らせることなく、岐阜県に赴いたのだった。

高校から大学へ

私が入学したのは、名古屋から中央本線で一時間ほど入った所にある、全寮制の私学だった。私が一五期生なので、その高校の歴史はちょうど私の年齢と同じということになる。当時、進学クラスができたばかりだったが、私が入学したのは「普通コース」という一般のクラスだった。進学クラスに入ったら、部活動ができないという決まりがあると知らされていたからである。しかし、入学に際して私に与えられたのが、新入生代表の言葉を述べる役割であった。入試の点数がトップだったためである。ここでも私は驚いた。全国から生徒が集まってくる学校で、まさか私が一番をとるとは夢想だにしていなかったからである。

寮生活は、期待していたように楽しく、しかし苦労も多いものであった。当時の寮は三人部屋。基本的に一・二・三年生が一人ずつ、合わせて三人が、八畳間ほどの和室で共同生活をする。三年は「部屋長」、二年は「部屋中《ちゅう》」、そして一年は「部屋っ子」と呼ばれた。三年生がどんな先輩かによって、一年生の運命が決まる。ひどい場合は、三年が「王様」、二年が「平民」、一年が「奴隷」といった様相を呈するのである。幸い私は先輩に恵まれたため、理不尽な思いをすることはほとんどなかった。しかしながら、集団生活のなかでの上下関係は絶対であり、厳しい日課とタテ型の人間関係のなかで、私たち一年生はみっちりと鍛えられた。

一学期が終わり、数カ月ぶりに西宮のわが家に帰ってきたときのことが忘れられない。家の玄関の戸を開けると、そこに広がっているのは、いやに小さくなった玄関間のたたずまいだった。家の中のすべてのものが、半分ぐらいに縮んでしまったように見えた。そして、奥から母親の声が聞こえた。「宏ちゃん、お帰りなさい！」。出てきた母親の姿をみて、またびっくり。母のことが「他人のおばさん」のように見えたのである。ほどなく、それらの違和感は収まったのだが、あの瞬間の映像は、今でも私の頭のなかにこびりついている。文化人類学の用語に「通過儀礼」というものがあるが、私にとっては、一五歳の一学期が、まさに大きな「通過儀礼」だったのだと思う。自分ではそれとは気づかないうちに、中学生までの自分が死に、寮生活を送る高校生としての新たな自分が立ち上がっていたのだろう。

　高校生になっても、私のサッカー好きは続いた。タイミングよく、ちょうど私が入った年にサッカー部が創設された。山を新たに切り開いてできたばかりのグラウンドの石拾いをするところから、毎日の練習がスタートした。練習後の片づけが終わると、脱兎のごとく斜面を駆け降りて、食事と入浴をすませた。合わせて一五分ぐらいしか時間的余裕がないということもしばしばだった。今から思うと、まるでマンガのような世界である。

　転機は、一年生の途中に訪れた。ある先生に呼びだされたのである。英語科の主任をつとめる、エネルギーにあふれる三〇代半ばの女性のS先生であった。S先生は私に言った。「志水、私と一緒に東大に行く気はないか?」。要するに、ヘッドハンティングである。S先生は、数年前にある男子生徒を、開校以来初めて東京大学に送り込んでいた。次なる候補として、私に白羽の矢が立ったのである。私はそのときまで、東京大学なるものを自分の進路の射程においたことはなかった。家族はおろか親族にも大学進学者はおらず、身近にいる大人はほとんど自営業という環境に生まれ育った私は、高校に入学した段階でも、うまくいけば地元の神戸大学か関西学院大学に入ればいいがなあとしか考えていなかった。長男として材木屋を継ぐかどうかを真剣に考えるでもなく、ただひたすらボールを蹴るのが楽しいというのが、そのときの私の姿であった。

しかし、S先生の言葉をきいて、私は「チャレンジしてみよう」という気になった。「錬成コース」という名の進学クラスに移籍すると、部活動はできなくなる。迷う気持ちもあったが、私は二年生になるときに、他の数名の仲間たちとともに「錬成」に移籍した。そこから、S先生との「二人三脚」が始まった。S先生の担当する英語については、授業の予習・復習のほかに、毎日の暗唱プログラムが組まれた。テキストは、朱牟田夏雄という人が編んだ参考書だった。紙面にして半ページから一ページぐらいになる、さまざまな種類の英文を毎日ひとつずつ覚えていって、朝か昼休みにS先生の前で暗唱するのである。それを数カ月は続けただろうか。私の英語の力は、この期間に飛躍的に向上した。英語以外の部分についても、勉強の仕方全般についてS先生は指南してくれたし、また、文学や学問のすばらしさについても情熱的に語ってくれた。S先生がいなければ、現在の私は存在しなかったと断言できる。それほどの影響力を与えてくれた教師だった。

高校時代の勉強の思い出はいくつもある。古びた木造の寮で、長期休暇中に一人居残り勉強をしたことも、一度や二度ではなかった。また、二年生の夏休みには、世界史を体系的に把握するという趣旨で、黄色い『チャート式』という参考書を、一日一〇時間ほど丸八日半かけて、ノートに整理したことがあった。すでに要点をまとめているはずの参考書をさらに整理するという作業が実質的にどのような意味をもっていたのか、はなはだ怪しいが、しかしながら、その作業をやり切ったという充足感は残った。

数学や物理、国語や世界史などに関して、名人芸的な才能を発揮するクラスメートがいるなかで、私は、まんべんなく点数をとり、総合点で優位に立つタイプだった。理数系教科にはあまり魅力を感じなかったが、さいわい数学の点数は結構とれた。東大にターゲットをしぼったときに、おのずと理系ではなく文系に狙いを定めたわけだが、法学部に通じる文科Ⅰ類にも、経済学部に通じる文科Ⅱ類にも興味をひかれることはなかった。その結果、いわば消去法的に進路志望は、文学部・教育学部・教養学部に通じる文科Ⅲ類ということになり、運良く現役合格を果たすことができた。得意教科と言える英語と数学で期待通りの点数をとることができたのが、勝因だった。ちなみに私は、国立大学が一期校と二期校にわかれていた最後の年の受験生である。その翌年から、現在のセンター試験に連なる、共通一次試験が導入されたのであった。

＊

大学に入ったばかりの段階でのカルチャーショックは、私にとって大変大きなものであった。

第二外国語でとったフランス語のクラスが、私たちにとっての基本的な大学生活のユニットになったのだが、四五人ぐらいのクラスで、四分の三が男子で四分の一が女子、現役と浪人が約半数ずつ、そして首都圏出身者と地方出身者がこれも約半分ずつという内訳だった。最初のオリエンテーションの日、私などはおそるおそる隅の方に座っていたのだが、初日というのにすでにいくつかのグループができていた。聞き耳を立てると、「今年の数学は簡単だったね」とか、「世界史は思わぬところが出たね」といった話になっている。某大手予備校出身者のグループのようだ。なつかしい関西弁で話しているグループもあったが、これは有名進学校N高のグループであった。地方の無名校の出身者である私に、全く出る幕はなかった。

ちなみに、私が人生で最初に書いた原稿は、大学一年の五月の連休明けぐらいに書いたものである。ある出版社から出された『無名校から東大へ！』という体験談集に、私の原稿が掲載されたのである。四〇〇字詰め原稿用紙に二〇枚書いて、二万円をもらった。内容がかなりドラマチックだったのだろう。私の原稿は、写真つきでその本の巻頭を飾ったのであった。

大学生活を始めて驚いたのは、クラスの主流を占める、多くは中高一貫の、首都圏の有名進学校出身者たちの話す言葉や内容であった。彼らは、私などとは全く異なる語彙と話し方をもち、趣味とセンスを有していた。要するに私は、文科Ⅲ類のフランス語クラスの衒学的な雰囲気になじめなかったのである。そのうえで、東京での大学生活には、ありあまる自由があった。たとえて言うなら、小中学校時代の私は、ごくふつうに地面の上で生活していたのである。そして、禁欲的な集団生活を送った高校時代の三年間は、海の底で暮らしていたようなものである。それが、大学になって、海底から一挙に空中に飛びだし、何でもありの生活が始まったのであった。自由であるがゆえに全く安定感のない大学での日常、軽やかであるがゆえにじっくりした関係を結びにくい教室での人間関係。大学での最初の一年間は、そうした都市的・知識人的な環境に適応するのに汲々としていた感じがする。

幸い私は、大学一年のときに、渋谷区にある兵庫県人寮に入っていた。経費節約のために見つけた寮だったが、この寮が、私にとってはかけがえのない「居場所」を提供してくれることになった。何よりも心おきなく関西弁でしゃべれるのがよかった。大学で自分をなかなか出せないときも、寮に帰ればふつうに自分が自分でいることができた。寮生たちはさまざまな大学に所属していたが、大学や学部をこえて、私たちは仲良くなった。文字通り、「同じ釜のメシ」を食って、私たちは青春の日々を謳歌した。

そして大学二年になり、私は教育社会学という学問に出会うことになる。授業で出てきたのか、あるいは何か本を読んだのがきっかけだったのか、今では定かではない。いずれにしても、教育社会学の「教え」は、私にとっては天からの啓示のようなものであった。端的に言うなら、その学問が、本章で述べてきたような、自分が歩んできた人生の「種明かし」をしてくれるような感じがしたのである。「教育と選抜」「学校文化と生徒文化」「社会移動」「階層文化」「教師の期待」「ラベリングとスティグマ」……。教育社会学の概念は、二〇歳ぐらいであった当時の私の胃の腑に、いちいちスッと落ちるものであった。

その後私は、中学校か高校の教師になりたいと思った時期もあったが、結局大学院に進み、現在では、若い人たちに大学で教育社会学を講じる立場になっている。

＊

振り返ってみると、私は「自然に」学校の勉強が好きになっていた。「もともと頭の成り立ちが学校の勉強に向いていた」という可能性は否定できないものの、「勉強好き」になった最大の要因は、おそらく子ども時代に、祖母や父親が自分なりに学ぼうという努力を積み重ねている姿を、日常的に見てきたことにあるのではないかと思う。私は、父母や祖父母から、一度たりとも「勉強しろ」と言われたことがない。そのことは、私のひそかな誇りである。「勉強しろ」と言われてやる気になる子どもは、ほとんどいない。逆に、親がまじめに学ぼうとしている姿から、子どもは多くのものを学ぶ。どう考えても、「子どもは親の背中を見て育つ」ものなのである。

また私は、高校時代のS先生をはじめとして、人生のなかで何人もの「恩師」にめぐりあうことができた。その恩師たちは、私に進むべき方向性を示し、高い要求を課し、そして私を導いてくれた。小学校時代にF先生に叱られて以来、私は、「卑怯な行いは自分を傷つけるのみだ」という教訓を心に刻んでいる。高校時代にS先生の指導を受けた経験から、私は、教師の仕事のエッセンスは、生徒に「未知の、素敵な世界」を開示し、それに向けてできるかぎりの環境を整えてやることだと考えている。S先生はしばしば、「志水はスポンジが水を吸い込むように何でも吸収するね」と褒めてくれたり、また「志水はマン・ノブ・バランス(man of balance)だな」と評してくれたりした。「マン・ノブ・バランス」とは、イギリス的な理想の人格モデルを表す言葉のひとつだが、この言葉は、その後の私の、のぞましい自己イメージの中核をなすものとなっている。

第1章
学力をどう捉えるか
―「学力の樹」―

1　振り子論を越えて

「経験の総体」としての学力

「プロローグ」では、私自身の学力形成の歩みを振り返ってみた。生まれ育った地域や家庭の環境、子ども時代のさまざまな場での体験、学校で獲得した知識・技能の量と質、出会った仲間や教師たちとの関わり、それらの結果として自らが抱くにいたった夢や将来展望、その後の社会生活や職業生活のなかでの人生経験、それらのものすべてが、私自身の現在の「学力」を形づくっている。

人生のなかでの諸々の体験が、その人物の「人となり」、すなわち人柄や性格、あるいは容姿や体つきなどを形成していくのと全く同様の意味において、その人の「学力」は、その人物の経験の総体から導き出される。

教育界の用語に、「カリキュラム」(curriculum)がある。これは一般的には、「学校で教えられることを期待される公的に規定された教育内容」を指す言葉だとされ、日本の場合は「学習指導要領」がそれに相当する。しかし、この言葉の語源をさかのぼると、違った様相が見えてくる。すなわち、この「カリキュラム」という語はラテン語に起源をもち、もともとは競馬場や競争路のコースを意味し、「人生の来歴」という含意をもつものだったという(日本カリキュラム学会編『現代カリキュラム事典』、ぎょうせい、二〇〇一年、一頁)。つまり、カリキュラムとは、広義には「生きられた経験の総体」を意味するのである。日本語の「履歴書」が、英語では「カリキュラム・ヴィーティー」(curriculum vitae)と標記されるのは、その意味で象徴的である。学校という場に限定するなら、「実際に子どもたちが学校のなかでもつ教育的な諸経験あるいは諸活動の全体」が、その子にとってのカリキュラムということになる。

したがって、通常「学力」は、「学校での学習を通じて獲得される力」と考えられることが多いが、これを、授業とかテストの点数だけで把握しようとするのは、実際に子どものなかで起こっていることを狭く捉える見方だと言わざるを得ない。点数で測られる学力の背後には、かならず目には見えない「経験の総体」がひそんでいるはずである。岸本裕史氏は、子どもたちの学力を氷山のようなものだと説明している。すなわち、氷山は大部分が海面下に沈んでいて、八分の一だけが海面上に姿を見せているのだそうで、点数化される「見える学力」の土台には「見えない学力」があるというのである。「見える学力を伸ばすには、それを支えている見えない学力を、うんとゆたかに太らせなければならないのです」(岸本裕史『改訂版　見える学力、見えない学力』大月書店、一九九六年、三七頁)。私もこの意見に、全面的に賛成である。

カリキュラム改革をめぐる二つの極

先にもふれたように、日本の学校で教えられるべき事柄を決めている学習指導要領は、これまではほぼ一〇年に一度の割合で、改訂されてきた。**表1-1**は、学習指導要領の歴史的変遷をまとめたものである(中野重人「学習指導要領はこう変わった」日本教育評価研究会『指導と評価』第九九号、一九九九年、四―八頁)。

表1-1　学習指導要領の歴史的変遷

第1次(1951)	教育の生活化(経験主義の問題解決学習)
第2次(1958)	教育の系統化(系統学習への転換，基礎学力の充実)
第3次(1968)	教育の科学化(科学的な概念と能力の育成)
第4次(1977)	教育の人間化(学校生活におけるゆとりと充実)
第5次(1989)	教育の個性化(新しい学力観に基づく個性の重視)
第6次(1998)	教育の総合化(特色ある学校づくり，総合的な学習の創設)

そもそも戦後初期の学習指導要領は、戦前期の教師主導・教え込み中心のあり方の反省の上に立ち、「問題解決学習」をキーワードに「教育の生活化」を図るものとして構想された。しかしながら、一九五〇年代半ば以降の高度経済成長という文脈のもとで、教育の拡大・国民の教育水準の向上が目指され、「教育の系統化」が図られることになった。教

科教育の系統性や教師の指導性の強化が試みられたのである。その路線は次の「教育の科学化」の時代にも継承され、「知識の詰め込み」傾向はこの時期にピークに達したと考えてよい。

そうした路線が見直されるのが、一九七〇年代後半の第四次の改訂においてであった。そこでは、受験競争の激化や学歴社会の弊害を背景に、「ゆとり」をスローガンにした「教育の人間化」が進められた。そして、それに続く「教育の個性化」を謳った第五次の改訂において、「新しい学力観」という新たなキーワードが生み出されることになる。一九九八年に告示され、二〇〇二年度から各学校段階に導入された現行の学習指導要領では、「新しい学力観」をさらに拡張した「生きる力」をキーコンセプトに、「総合的な学習の時間」の推進をテコにした改革が進められようとしている。そこで目指されているのは、授業のあり方や子どもたちの学びのあり方の抜本的な質的転換である。

このような歴史を振り返ってみたとき、大まかにいって、改革の重点方針が二つの「極」の間を、行ったり来たりしているような印象を受ける。それを図示したものが、次頁の図１-１である。

ここでは、右側を「知識重視」の極、左側を「態度重視」の極と名づけておく。まず「知識重視」の極とは、次世代への知識伝達を第一義的に重要なものと考え、学力テストの点数等に

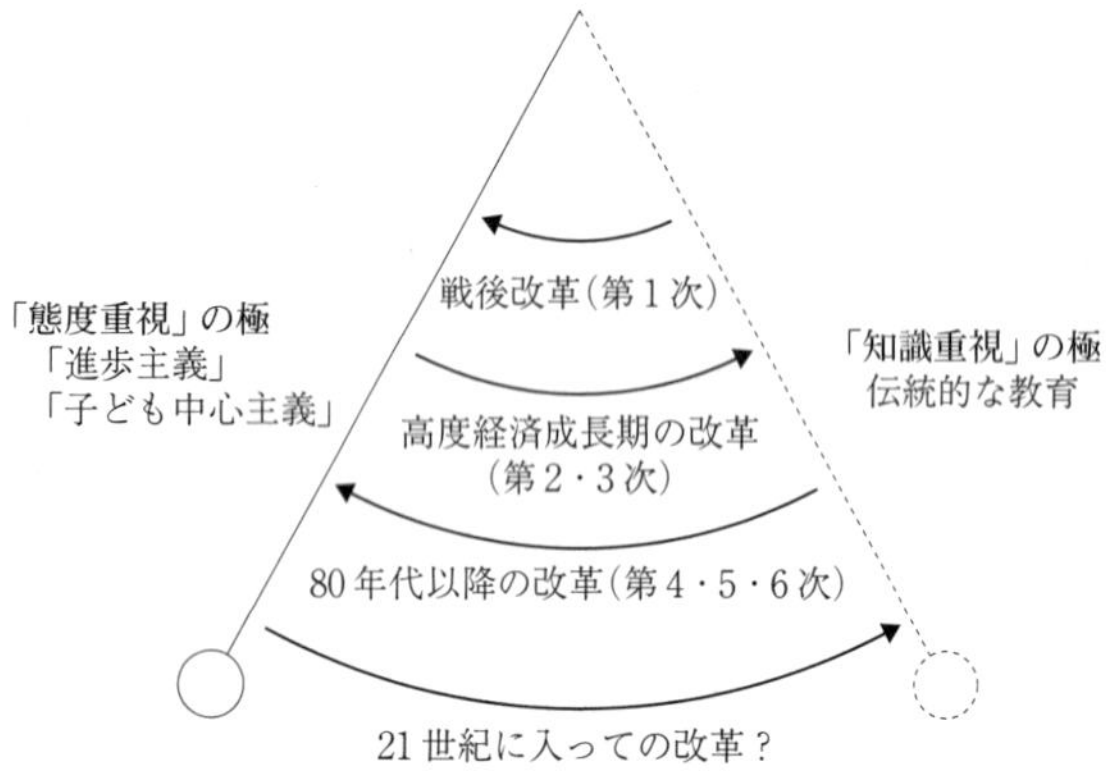

図1-1　カリキュラム改革の振り子

現れる教育水準の向上を図っていこうとする立場を指す。他方「態度重視」の極とは、子どもたち自身の学習意欲や自らの生活を改善していこうとする態度を大切なものと考え、彼らのなかにあるポテンシャル(潜在する能力)を引き出すことを目的とした教育活動を組み立てようとする立場を指す。言うまでもないが、前者は「伝統的な教育」として語られてきたものであり、後者のバックボーンとなっているのは、欧米で生み出された「進歩主義」や「子ども中心主義」と呼ばれる近代的な教育思潮である。

「新教育」と呼ばれた戦後初期のあり方は、明らかに振り子のおもりを左の極にもってこようとするものであった。それに対して、一九五〇年代半ばから七〇年代にかけての改革は、振り子の振れを左から右へ戻そうとする試みだったと位置づけることができる。そして、七〇年代末から九〇年代末にかけてのカリキュラム改革は、再び振り子を左に戻そうとする動きであった。学力低下論争を経た今日、改革の振り子は、再び右へ向けてスイングしようとしている。

実は、このカリキュラム改革をめぐる二つの極は、より広い、公教育の枠組み自体に対する二つの対照的な考え方に対応していると見ることができる。すなわち、右側の極は、国家や社会全体からの要請を重視し、中央集権的で統制色の強いシステムを選択する立場であり、他方、左側の極は、個人の学習ニーズやコミュニティの教育課題を重視し、分権的・草の根的で統制の弱いシステムを志向する立場である。教育学的観点からは、一般的に左側の極がのぞましいとされるわけであるが、一国の公教育システムの存続を考えた場合、右側の極をないがしろにするわけにもいかない。「右」に対して「左」を対置すれば事足りた時代も過去にはあったが、もはやそれは通じない。

要は、両者のバランスが必要なのであるが、教育改革のレトリックは、いつも「右か、左か」という二者択一の論調に陥りがちであった。最近の「学力」をめぐる議論からも明らかなように、教育現場はいつも、そうした「右か、左か」という二元論的な政策談義に翻弄されてきた。具体的に言うと、次のようなことである。

先にもふれたように、「ゆとり教育」路線は、すでに一九七〇年代末から始まっていたと見ることができるが、「新しい学力観」というスローガンのもとに、大きく舵が切られたのは一九九〇年代に入ってからのことである。一斉授業・教師主導による知識の詰め込みは時代遅れであり、子どもたちの「意欲・関心・態度」を重視する新しいタイプの授業・活動・教材・方法が追求されることとなった。また、「指導から支援へ」という別のスローガンも出現し、教師の指導性を抑え、何よりも子どもに寄り添い、その「心」を理解することが大切であるとする考え方が流布するようになった。その結果、極端に言うなら、「無理やりに九九を覚えさせる必要はない」「できないのも立派な個性である」といった形で、基礎的な学習事項の習得をないがしろにするような風潮が現場に広がっていったことも事実である。

それが、ここ数年の「学力低下論争」のあおりを受け、文部科学省は一転して、「確かな学力」の育成を合言葉とするような学力向上路線に軌道修正を図ったかの観がある。そのなかで、「教育内容の三割削減は誤りであった」「総合的な学習の時間は廃止、あるいは大幅に削減すべきである」「できる子を伸ばすために、能力別編成を導入すべし」「全国一斉の学力検査を即刻実施しなければならない」といった論調が高まりつつある。

要するに、たとえて言うなら、第六次の改訂で「態度重視」の極に向けてさらにアクセルが踏まれたと思ったとたんに、ギアをバックに入れるような事態を文科省は生じさせたのである。あるいは、左にハンドルを大きく切った直後に、右にハンドルを同じくらい大きく切り直すようなものである。車の中にいる人々、すなわち学校現場にいる教師や子どもたちはたまったものではない。

振り子論に戻るなら、子どもの成長を考えた場合、どちらか片方の極だけでよいわけはない。「知識」だけ、「態度」だけでは、具合が悪いのである。当然、「知識」「態度」の両方の要素が、同じように大切になってくる。両者のバランスよいコンビネーションこそが、子どもたちの豊かな学力の源泉となる。

このような事情をふまえて、私は、さまざまな要素から成り立つ「学力」というものを、統一的な視点から捉えることができるような具体的イメージをもつことができないかと考えた。そしてある時思いついたのが、「学力の樹」というイメージ、すなわち「学力」を「樹」として捉えるメタファーであった。

以下、本章の残りの部分で、本書全体の論述のベースとなる、「学力の樹」の考え方について、私なりのアイディアを展開してみたいと思う。

2　学力の構成要素

「学力」という言葉がふくむもの

そもそも「学力」というのは、日本に独特な言葉である。たとえば英語に訳そうと思っても、適切な訳語を見出すことはむずかしい。強いて言えば、「アカデミック・アチーブメント」ということになるだろうが、「学業達成」という意味合いをもつこの言葉では、「学力」という日本語がもつ、多義的でふくらみをもつニュアンスを伝えることはむずかしい。

戦後の日本の教育学においては、多種多様な学力観・学力像が提示されてきたが、次にあげる「広岡モデル」は、そのなかでも最も知られたもののひとつである（図1-2）。このモデルは、「学力」を、「要素的な知識・技能」「関係的な理解や総合的な技術」「思考・操作・感受表現態度」の三層から構成されるものと捉えている。円の中心に「態度」が据えられていることは、広岡が、最終的に形成されるべき「学力」は、個別的な知識の理解や技能の習得ではなくて、それらを主体的に使いこなせる力、すなわち「態度」や「心のかまえ」といったものである、と考えていたことを示している。

図1-2　広岡亮蔵の「学力モデル」

今日の学校では、子どもたちの学習の成果を、「指導要録」という公的な文書に残すことになっている。そのなかで各教科の学習の記録は、「関心・意欲・態度」「思考・判断」「技能・表現」「知識・理解」という四つの観点で評価されることになっている。広岡の図式とも密接に関係しているこの四つの観点こそが、今日の日本で公的に認められている「学力の構成要素」であるとみなしてよいだろう。四つのうちのどの要素を重視するかによって、イメージされる学力の質は変わってくる。

一九九一年の指導要録の改訂において、この四つの観点の順序は、「知識・理解」を先頭にするものから、「関心・意欲・態度」を先頭にする現行の形へと逆転された。「関心・意欲・態度」が、最も大切な要素としてクローズアップされたのである。子どもたちの意欲や関心を大切にしようという「新しい学力観」や、自ら学び考え、主体的に判断し行動する力を育もうとする「生きる力」といった考え方は、言うまでもなく、知識の一方的伝達にかたよりがちであった従来の日本の授業観の偏りやひずみを是正するために打ち出されたコンセプトである。そして、選択授業の増加や総合的な学習の時間の創設、あるいは「指導から支援へ」といった形に即した授業形態の変化といったものは、そのコンセプトを現実のものとするための具体的な手立てである。

しばしば「ゆとり教育」路線と呼ばれる、このような近年の改革路線は、理論的には妥当な方向に向かっていると考えられるが、学力低下論者たちが指摘するように、注意しないとそれは、有害な副作用を生むおそれが多分にある。すなわち、あまりに「新学力」的な側面が強調されると、子どもたちのたしかな学力の基盤が損なわれ、ひいては彼らから本当の「学び」を奪ってしまうことにつながりかねないのである。

学力の構造

そこで私は、「学力」を次の三つに分けて捉えると議論がしやすいと考えた（志水「「学力低下」私論」、長尾彰夫他『「学力低下」批判』アドバンテージサーバー、二〇〇二年、一二一―一二六頁）。

第一に、容易に点数化しうる、すなわちペーパーテストで簡単にみることができる、狭い意

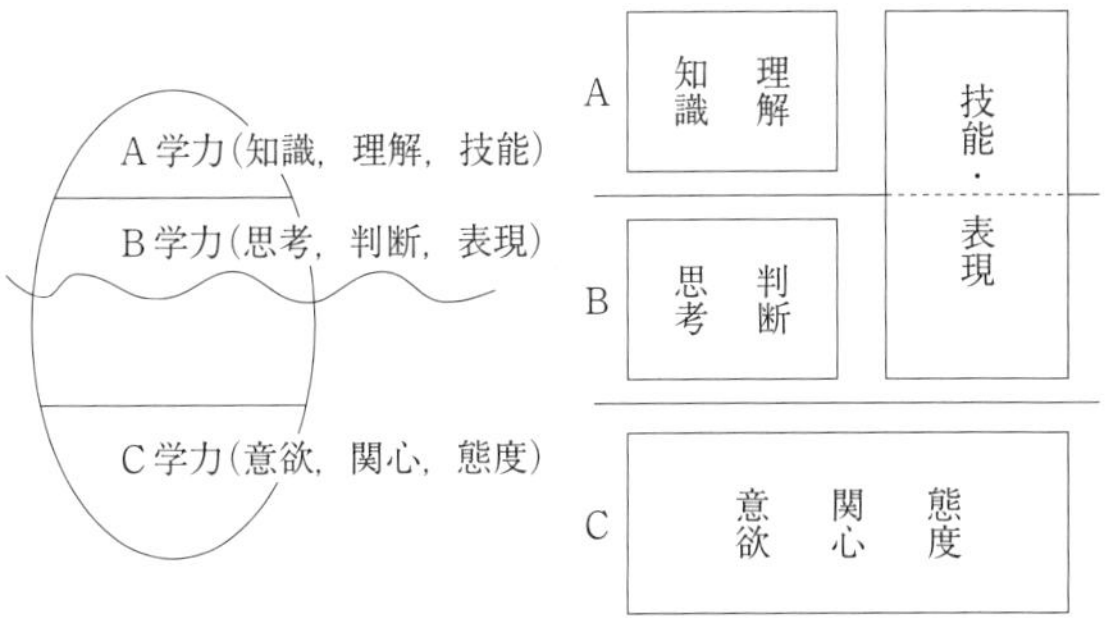

図1-3　学力の「氷山モデル」

味での「学力」がある。「知識の詰め込み」で獲得できるような「学力」が、それである。これを、「A学力」と名づけよう。

第二に、ペーパーテストで測ることはむずかしいが、学校での成績や試験の成績に大きく関わってくると思われる「学力」の構成要素がある。一般に「思考力」「判断力」「論理構成力」「考える力」「表現力」などと呼ばれるものが、それである。これを、「B学力」と呼ぶことにしよう。

そして第三に、点数化はそもそもできないが、上の二つのものを伸ばしていくための基盤となるような「学力」の構成要素を考えることができる。「新しい学力観」で強調された、「意欲」や「関心」や「態度」といったものが、まさにそれに相当する。これを、「C学力」と名づけることにする。

これら三つの「学力」と、先にあげた指導要録の四つの観点との対応関係を示したものが、前頁の図1-3である。

先にみた氷山のたとえで言うなら、水面上に浮かぶ「目に見える学力」を構成するのが、「A学力」と「B学力の一部」である。そして、海面下にもぐっている「目に見えない学力」を構成するのが、「B学力の残りの部分」とそれを下支えする「C学力」ということになる。

氷山の、目に見える部分はほんの一部で、その下にはそれを支える巨大な氷塊が存在しているというのが、この氷山のたとえが教えるところである。点数にあらわれる「学力」は、本当の「学力」のごく一部にすぎないという教訓が、そこから引きだされる。それは、その通りである。しかしながら、このたとえの限界は、それが両者の関係をごく大ざっぱにしか伝えないというところにある。「目に見える学力」と「目に見えない学力」とのより深い関係性、あるいは「A学力」「B学力」「C学力」という三つの学力の構造的関連性といったものを把握するうまい手立てではないだろうか。

3 「学力の樹」の三要素

樹のイメージで捉える

そこで、本章の主題である「学力の樹」という話になる（「学力の樹」のアイディアの初出は以下の文献にある。志水「学力の樹」『解放教育』No.四一一、明治図書、二〇〇二年、二一―二九頁）。

どんな種類の樹でもよい。お好きな樹のイメージを、皆さんの頭のなかに思い浮かべていただきたい。その時、先に述べた「A学力」は生い茂る「葉」に、「B学力」はすっくと伸びた「幹」に、そして「C学力」は大地をとらえる「根」に相当することになる。

まず、注意していただきたいのは、「三つの学力が文字通り一体となって、ひとつの学力の樹を形づくっている」という事実である。ひとつでも欠けたら、それは、生きた樹とは言えない代物《しろもの》になってしまう。また、たとえ三つのものがそろっていたとしても、根が貧弱なものであれば、その樹はちょっとした風雨で転倒してしまうだろうし、何らかの事情で葉っぱの成育が不十分であれば、幹や枝はなかなか太いものにはならないだろう。

「葉」と「幹」と「根」の成長は、渾然一体となったものである。そしてもちろんそこには、十分な陽の光と豊かな土壌、そして適度な気温とたっぷりとした水が必要である。樹は、決して自分の力だけで育つものではない。環境が、樹の育ちに決定的な影響を与える。

もう少し細かく見てみよう。

「A学力」は「葉」に相当すると言った。子どもたちが学びとる個々の知識や技能が、一枚一枚の葉っぱに相当する。個別の葉っぱの存在自体は取るに足りないかもしれないが、生い茂った葉っぱは、総体として大きな力を発揮する。すなわちそれは、降り注ぐ陽光の受容体となり、光合成という神秘的な化学反応のプロセスを通して、植物の成長に不可欠な栄養分を作り出すのである。

葉っぱは、周囲の環境の変化や四季のサイクルのなかで枯れたり、生えかわったりする。学校で学習する個別的な知識についても、全く同様のことが言える。すなわち、それらを忘れても一向に構わないのである。大切なのは、必要に応じて知識を更新したり、新しいジャンルの知識を付け加えたりしていくことである。葉っぱは、樹の生命が続くかぎり、絶え間なく更新されていくものである。

他方、「C学力」は「根」である。根っこは、葉っぱと違って、通常は目に見えない、地中の隠れたところにある。しかし、その根っこは、その樹の存在自体を支えるという重要な役割を果たしている。近年の教育改革のなかで重視されている「意欲・関心・態度」といったものが、この根に相当すると考えてよいだろう。その子が持っている意欲や関心、あるいは生活に対する態度は、ぱっと見ではなかなかわからない。じっくりと付き合ってみてこそ、だんだんわかってくるものである。

根は、地盤にしっかりと食い込んで自らの体を支えるだけでなく、成長に不可欠な地中の水分や養分を絶え間なく吸収する役割をも持つ。そうした意味において、根は、「アイデンティティ」という語で表されるような、樹という生命体の根源的な部分をも表示していると考えてよいだろう。近年の教育現場で重視されている、子どもたちの「自尊感情」(セルフエスティーム)といったものも、この「根」にふくめて考えることができる。

そして、両者をつなぐ「幹」や「枝」に相当するのが、思考力・判断力・表現力などからなる「B学力」である。伸びやかな思考力やたしかな判断力は、いわばまっすぐに伸びた、どっしりとした存在感をもつ幹である。また、われわれの目を和ませてくれる枝ぶりのよさは、いわば、豊かな表現力にたとえることができよう。葉と根の働きがなければ、幹や枝はそもそも存在しえないが、逆に、それらがしっかりとしたものに育たなければ、樹は樹となりえない。

葉から根へ、あるいは根から葉へと、水分や栄養分が受け渡しをされていくなかで、徐々に幹や枝は太っていく。これは、子どもたちが、学校で学ぶ具体的な知識・技能を、自らの生活や生き方との関連で使いこなしていく過程を通じて、しっかりとした思考力や判断力や表現力を育んでいくという事態と照応している。落ちたり、生え変わったりする葉っぱとは異なり、幹はゆるやかにではあるが、着実に太くなっていき、決して縮んだり、細くなったりすることはない。要するに、子どもの「考える力」は、徐々にたしかなもの、豊かなものへと育っていくのである。

樹はグループで育つ

「葉」と「幹」と「根」、これらが一体となってはじめて樹が成り立つように、学力の三つの要素も、それらが有機的に結びつきあうことによってはじめて、統一体としての「学力」となる。

樹のたとえは、遺伝的な要因と環境的な要因との関連を考えるうえで便利である。それぞれの樹には、それぞれのポテンシャルが備わっている。それぞれの持ち味がある。端的に言うなら、杉の樹は杉の樹に、松の樹は松の樹に、ポプラの樹はポプラの樹にしかならないのである。杉の種から、松の樹を育てようとしても、それは土台無理な話である。遺伝子操作やその他の科学技術が飛躍的に向上すれば、ことによるとそうしたことが可能になるのかもしれないが、しかし一般的には、杉の樹は杉の種から生まれる。

したがって、教育という観点からすれば、その子の持ち味、その子の個性を的確に見極めることがきわめて重要になってくる。そして、その子にあった働きかけ、その子にあった環境を用意することが大切になってくるのである。

もう一点指摘しておきたいことは、樹はグループで育つということである。林や森のイメージである。単独でも育たないことはないが、自然状態にあっては、やはり樹は集団で育つものであり、またその方が強い。樹が一本で生えている状況を思い浮かべていただきたい。ポツンと一本だけで立っている樹は、台風や洪水といった自然災害に遭遇したら、ポキンと折れてしまう可能性が高いだろう。また、周囲に同種の樹が生えていないような環境は、えてして「人工的」な環境でありがちであり、そこでは「一人前」の樹になるまでに出会う困難の数は相対的に多くなるだろう。

子どもは、集団のなかで育つものである。学力も、そうだと思う。周囲の人々との人間関係や仲間たちとの切磋琢磨を通じてこそ、学力の樹は適切に成長するものではないだろうか。仲間がともに育ち、伸びるような教育環境を提供すること。これこそが、子どもたちの学力を育てるための基本要件だと思われる。

4 「学力の樹」を取り巻く環境――「指導」と「支援」

成長をたすける働きかけ

子どもを若樹だと考えるなら、周囲からの働きかけは、先にも述べたように、太陽の光、大気や風雨、あるいは地中の土や水にたとえることができる。というか、樹を取り巻くすべてのものが、その樹にとっての教育環境を形づくっている。

たとえば教師は、「太陽」となりうる。強い指導力を発揮し、子どもたちにさまざまな知識や技能を伝えることを通して、彼らを教え、導くことができる。また教師は、「大地」となりうる。彼らの存在をしっかりと受けとめ、支えることによって、周囲の人々や世界に対する信頼感や関心を培い、生きていく意欲を育むことができる。

図1-4の「学力の樹」の両側にある矢印は、学校教育のなかでの、子どもたちに対する教育的働きかけの二タイプを示している。

まず、図の右側の矢印が表しているのは、子どもたちの知識理解や技能習得をベースにして、彼らの思考力・判断力・表現力を高めてゆくことの結果として、子どもたちの意欲や関心のレベルを向上させようとする、従来型の学力観に立つ働きかけの筋道である。先ほどのたとえとの関係で言えば、「太陽」となり、子どもたちの葉っぱを茂らせようとしたり、樹の背丈を伸ばそうとしたりするような働きかけがそれに当たる。この「トップダウン」的なアプローチは、従来の学校現場において「指導」という言葉で言いならわされてきた働きかけに相当する。

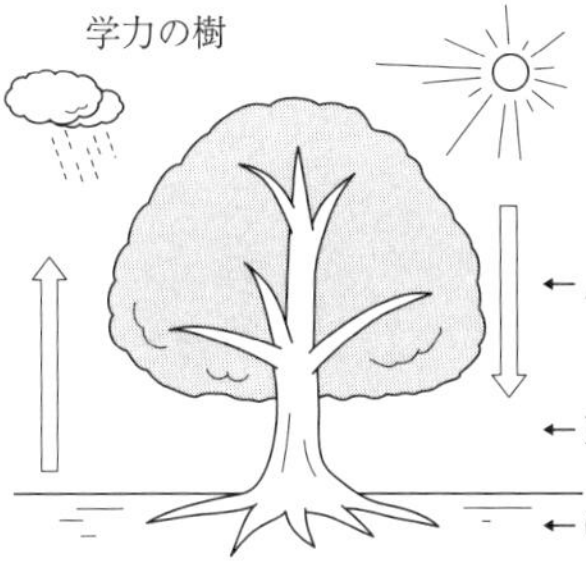

図1-4　学力の樹

他方、左側の矢印が示しているのは、彼らの「関心・意欲」に直接働きかけ、「思考・判断・表現」の場を提供することによって、結果的に彼らの「知識理解」や「技能」レベルを引き上げようとする「新学力観」的な働きかけの筋道である。子どもの学力の樹が根づく「大地」となり、日々のコミュニケーションや言葉がけを通じて信頼関係を築き、彼らに試させたり、チャレンジさせたりすることを通じて、彼らの根っこや幹や枝を太らせようというのが、こちらの働きかけである。こうした「ボトムアップ」的なアプローチが、近年「支援」という言葉で推奨されてきたものに他ならない。

両者の適度なバランスが子どもの成長には欠かせないと考

えられるが、これまでは往々にして前者の働きかけのみが偏重され、結果として「A学力」のみが肥大するということがままあった。しかしながら、今の時点で注意しておかねばならないのは、「ゆとり路線」と呼ばれる改革動向のもとで、あまりにも後者の筋道が強調されすぎてきたことである。そもそも「A学力」がやせ細っているところで、「B学力」が豊かに育つことなどありえず、また「C学力」がたしかな存在感をもつということはありえない。双方の矢印に示されるような働きかけは、あくまでも相補的であるべきである。すなわち、バランスが肝要なのである。

たとえば、「頭でっかち」の高校生や大学生がいるとしたら、それは、根や幹がやや貧弱な樹である。彼らに対しては、根や幹をたしかなものにすることができるような適切な経験を用意してやらなければならない。一方、やんちゃざかりの小学生や中学生がいるとしたら、それは、芽生えたばかりの若い苗木である。どこか一カ所だけを偏重して育てるのではなくて、バランスのよい成長を見越した働きかけをすべきであるが、忘れてはならないのは、彼らが自分なりに考えたり、行動したりすることができるたしかな知識基盤を伝達してやることだろう。一定量の葉っぱは、どの樹にとっても不可欠である。

適度な光と水、適切な土壌があれば、樹はすくすくと育つ。放っておいても育つ。子どもも似たようなところがある、と私は考えている。あまり神経質に構えることなく、子どもは本来自分で育っていくものだという楽観的な見通しをもって、二つの方向性の働きかけをバランスよく交互に行ってやること。親や教師がそうしたスタンスで、肩の力を抜いて子どもたちに接すれば、彼らはこちらの期待を超えるような成長をきっと見せてくれるだろう。

5 根っこの大切さ

苗木を支える三本の竹

ここまで本章では、学力を樹と捉え、その三つの構成要素を位置づけたうえでそれらの関連性を見、そして、学力の樹に対する外界からの働きかけの仕方を考えてきた。

そこでひとつの疑問が生じる。樹の育ちを考えた場合、最も重要な部分はどこになるのだろう、という問いである。葉・幹・根のそれぞれは、どれもが大切でかけがえのない部分を構成しているには違いないのだが、優先順位をつけるとしたら、どれを第一に考えるべきなのだろうか。すなわち、樹の育ちにとって根本的に大切なのは、どの部分なのだろう。

「根本的に」と書いた。その語がいみじくも示しているように、おそらく最も大事な部分は、

「根っこ」である。あるいは、「根っこを育む」ことである。

いかに太陽が、葉っぱを茂らせようとギラギラ照りつけても、根が貧弱で、十分な水と養分が樹の体内に供給されていなければ、その樹はやがて枯れてしまうだろう。逆に、たとえ照射される日光の量が少なくても、しっかりと土壌に根づき、適量の水と養分が摂取されていれば、樹は順調に育っていく。まず根がある。その前提のもとで、葉が、そして幹や枝が生長していくのである。

かつてある地方都市で開催された、市民を対象としたシンポジウムの席で「学力の樹」のアイディアを話したとき、一緒にパネリストとなった、PTA連合会の役員をつとめていた男性が、私の意見に次のように賛同してくれた。氏は農業を営んでおり、「土佐文旦《ぶんたん》」という大きなみかんの生産者であるという。

氏は、まず次のような意見を述べた。「私は、根っこが大事だという見方に賛成である。文旦をつくるうえで、最も大切なのがよい根をつくることだ。よい根ができれば、よい実がなる。そのために大事なことは、水と肥料のやり方である。特に肥料は、多く与えすぎてはいけない。毎日毎日、丹念に状態を見てやり、ていねいに水をまく。果物の根が根づくのには、思いのほか時間がかかるものである」。

別の人に聞いた話であるが、根に水をやるとき、私たちは根元にたくさんの水を注ぎがちになるが、果樹を育てる際には、根がどこまで張っているかを慎重に見極めながら、そのちょっと先のエリアに水をまいてやるのがよいのだそうだ。そうすると、根は自分の力でグッと伸びようとするのだそうだ。また、稲などになると、夏のある時期、わざと水田の水を抜くことをするようだ。そうすると、稲がしっかりと土壌に根づき、たとえ秋に台風が来ても倒れにくくなるのだという。いずれも、教育の極意に迫るような話である。

文旦に話を戻すと、苗木は、三本の竹で支えるということをしてやるそうだ。竹を同じ長さに切り、それらをバランスよく組み、その間を苗木が通るようにするのである。もし三本の竹のバランスが崩れていれば、苗木はまっすぐに伸びず、根づきも悪くなる。文旦の苗木がしっかりとした根を持つまでには、通常一、二年かかるようである。

氏は、「子どもの成長を考えると、「家庭」と「学校」と「地域」とが、まさに三本の竹となるべきだ」と主張した。その話を聞いた時、私は思わずひざを打った。このような卓抜な比喩があるだろうか。

本書のテーマに引きつけて言うなら、「学力の樹を育てる三本の竹が、家庭と学校と地域である」ということになるだろう。繰り返して言うなら、なぜ竹で苗木を支えるかというと、文旦の樹が自分で育っていけるようなしっかりとした根を張らせるためである。自立のためには、適切なサポートが必要なのである。子どもも同じである。次世代を担う子どもたちが、自分の足で立ち、歩けるようになるまで、家庭が、学校が、そして地域社会が、手を携えつつ、彼らを保護し、指導・支援しなければならない。

文旦の場合は一、二年ということであったが、子どもの場合には、少なくとも中学校を卒業する時点までを、その期間、すなわち「三本の竹」で支えられなければならない期間、として考えたい。

本書の中心をなす第3―5章では、子どもたちの学力を育てるうえでの、「家庭」「学校」「地域」の役割についてそれぞれ検討をする。「三本の竹」の中味について、ひとつずつ考えてみようというのである。しかしその前に、次の第2章では、その前段階の作業として、現代の子どもたちの学力の実態について、改めて振り返っておくことにしよう。

第2章
子どもたちの学力はどうなっているか

本書における学力の捉え方を第1章で述べた。それを受けて、この章で考察しておきたいことは、「では、現実の方はどうなっているのか」という問題である。子どもたちの学力の現状は、どうなっているのだろうか。

まず断っておかねばならないのは、この章で扱う「学力」とは、狭い意味での「学力」だということである。「学力の樹」で言うなら、主として「葉っぱ」に相当する部分、すなわち「点数化できる」「目に見える」部分が、本章での論述の対象となる。

1 私たちの調査から――二〇〇一年東大関西調査

調査のきっかけ

いわゆる「学力低下論争」が勃発したのは一九九九年のことだった。当時、東京大学教育学研究科に在籍していた私は、同僚である市川伸一さんらと学力問題プロジェクトを立ち上げ、二〇〇〇年度からの三年間、いくつかの研究・実践活動に携わった。それらの活動のひとつの中心が、同じく東大の同僚であった苅谷剛彦さんらと行った学力調査であった。その調査は、「関東調査」「関西調査」の二つからなる。お茶の水女子大学の耳塚寛明さんらの協力を得ながら分析を続け、最終的な成果物として刊行したのが、苅谷・志水編の『学力の社会学』(岩波書店、二〇〇四年)である。

そもそも私たちが調査をしようと思い立ったのは、当時の学力低下論争に関わっていた多くの論者やマスコミが、確たるデータや根拠もなしに、自らの限定された経験や主観的な思い込みのみにもとづいて、自分勝手な議論を展開しているように思われたことだった。私たちは、教育社会学者である。私たちのアイデンティティの基礎は、「データにもとづいてモノを言う」ことにある。少なくとも私は、そう考えている。当然、苅谷さんもそうであった。裏返せば、「データや根拠にもとづかない主張はしない」というのが私たちのスタンスなのだが、そういう私たちには、当時の議論・論調がきわめて恣意的に聞こえたのであった。もちろん、国際学力比較調査や文部科学省調査の結果が引用されることもあったが、その引用の仕方自体にも問題があることが多かった。

そこで私たちは、自前の調査をすることを思い立った。議論を組み立てる際の基礎となる、たしかなデータを得たいと考えたのである。問題は、「子どもたちの学力が低下したかどうか」

を確かめることにあった。そのためにはまず、過去のある時点で実施された学力テストと同じ問題を現代の子どもたちに解答してもらい、両者の結果をしっかりと比較しなければならない。さらに私たちは、かりに子どもたちの学力の低下傾向が見出されたなら、「いかなる要因がそこにかかわっているのか」をも明らかにしたいと思った。低下の実態を指摘するだけでは不十分で、そうした実態を生みだした原因を究明し、できるものなら何らかの処方箋や改善策を提示したいと考えたからである。

私たちは、過去に実施された学力調査や先行研究を洗い出してみた。その結果見出されたのが、ひとつは一九八一年に国立教育研究所(現国立教育政策研究所)が実施した調査、今ひとつが一九八九年に大阪大学を中心とするグループが実施した調査であった。前者が、二〇〇一年東大調査の「関東調査」、後者が、同「関西調査」の母体となっている。前者の「国研調査」は、小学一―六年生を対象とするもので、国語と算数について、子どもたちがどこでつまずきやすいかを丹念に探ろうとする目的をもって実施されたものだった。一方、後者の「阪大調査」は、小五と中二を対象とするもので、国語・算数数学・英語(中二のみ)の学力を、アンケート調査で把握される子どもたちの生活・学習状況と関連づけて検討するという意図をもって行われたものであった。

2　調査の結果から見えたもの

「関西調査」の前身

ここでは、その「関西調査」の結果を、改めて紹介してみたい。

そもそも「関西調査」のもととなっている一九八九年「阪大調査」は、同和地区に在住する子どもたちの学力実態を把握するために、大阪府下の小中学校、十数校ずつを対象として実施されたものであった。この種の調査は、この阪大調査と相前後して、徳島・広島・福岡など西日本のいくつかの府県で実施されている。これらの調査がユニークなのは、学力検査とともにアンケートが実施されるという点にある。これまで全国各地で実施されてきた学力テストは、ほとんどが「単体」として実施されるので、教科の学力の特徴の把握や経年比較はできるものの、当然のごとくそれ以上のことはできない。なぜそのような学力が形成されているのか、あるいはなぜ学力実態の変化が生じたのかといった事柄については、解答を与えてはくれないのである。

対照的に、「阪大調査」のねらいは、きびしい生活実態をかかえる同和地区の子どもたちの学力のあり方を、彼らの家庭生活や学習状況との関連で把握し、事態改善のための手がかりを見出そうということにあった。そのような調査の趣旨が、私たちの関心にぴったりとフィットしたのである。当時の調査を指揮した故池田寛氏は、私たちの要望を快く聞き入れ、オリジナル調査のデータの提供など、さまざまな便宜を図ってくれた。その結果、オリジナル調査と同じ対象校で(もともとの調査対象校に個別に依頼を行い、七割以上の学校からの賛同を得た)、同じ問題を設定して(学習指導要領の改訂に伴い、いくつかの設問は削除した)、二〇〇一年一一月に「関西調査」を実施することができた。

以下、オリジナルの「阪大調査」(一九八九年実施)と私たちが行った「東大関西調査」との比較という観点から見出されたことがらを、五点に分けて述べてみたい(志水「低学力克服への戦略」『学力の社会学』所収)。

①子どもたちの基礎学力は、確実に低下している

まず、**表2-1**をごらんいただきたい。これは、一二年という間隔をおいて実施された、四つのテスト(小学校国語・小学校算数・中学校国語・中学校数学)の設問ごとの正答率を比較したものである。この表で、「アップ」とは、〇一年の正答率が八九年のそれより三ポイント以上上がったことを、「ダウン」とは逆に三ポイント以上下がったことを、「横ばい」とは正答率の変化が三ポイント未満であったことを、それぞれ示している。表の数値は、それぞれのカテゴリーにあてはまる設問の数を示しており、カッコ内はその割合(%)である。

表 2-1　正答率の比較

( )は%

	アップ	ダウン	横ばい	設問総数
「小国」	1 (3.2)	19(61.3)	11(35.5)	31(100.0)
「小算」	0 (0.0)	45(86.5)	7(13.5)	52(100.0)
「中国」	7(16.3)	26(60.5)	10(23.3)	43(100.0)
「中数」	1 (3.0)	25(75.8)	7(21.2)	33(100.0)

「アップ」は3ポイント以上上昇した設問,「ダウン」は3ポイント以上低下した設問,「横ばい」は変化の幅が3ポイント未満の設問をそれぞれ意味する.

表 2-2　平均点の比較

(点)

	1989年	2001年	変化
「小国」	78.9	70.9	−8.0
「小算」	80.6	68.3	−12.3
「中国」	71.4	67.0	−4.4
「中数」	69.6	63.9	−5.7

(点数の算出の仕方)例えば「小国」で31問中20問正解の場合は，まずは単純に1問を1点とし，31点満点中20点を100点満点に換算するために，20/31に100をかけ，64.5点とする.

表から、一見してどの教科においても、「ダウン」の比率が圧倒的に高くなっていることがわかる。とりわけ、小学校算数(「小算」)では、「アップ」した設問はひとつもなく、何と五二問中四五問(八六・五%)で正答率が「ダウン」してしまっている。中学校国語(「中国」)の下げ幅が最も小さいが、それでも約六割の設問が「ダウン」となっている。

この結果をよりまとめた形で表すために、各テストの結果を一〇〇点満点に換算し、それぞれの平均点を算出してみたものが、前頁の表2-2である。いずれの教科においても、平均点が八九年から〇一年にかけて下降していることがみてとれる。とりわけ、最も低下が著しいのが「小算」で、一二・三点の落ち込みとなっており、以下「小国」八・〇点、「中数」五・七点、「中国」四・四点の低下となっている。「小算」で言うなら、八九年の子どもたちの平均点が八〇・六点だったことから、出題されたのはきわめて基礎的な問題だったと言えるのだが、〇一年では六八・三点と七〇点台を割り込む結果となっている。

「学習指導要領も変わり、子どもたちの興味・関心を重視する授業スタイルになったのだから、多少ペーパーテストの点が落ちるのは当たり前」という見解もありえようが、それにしても、一〇ポイント以上の落ち込みがみられたという結果は看過できるものではない。私たちのこの調査結果からみるかぎり、子どもたちの基礎学力の水準は、全体としてみた場合、確実に低下していると言わざるをえないのである。

②その低下は、家庭生活の変化、特に家庭学習離れと関連している

子どもたちに対する生活・学習状況アンケートの結果を八九年の数値と比較してみると、いくつもの点で大きな変化が認められた。

表 2-3　生活時間の変化

（分）

	小 89	小 01	変化	中 89	中 01	変化
家で勉強する	53.6	40.7	−12.9	43.7	29.1	−14.6
テレビをみる	140.6	136.2	−4.4	126.2	158.7	+32.5
TV ゲームをする	34.5	56.9	+22.4	23.8	51.9	+28.1
読書をする	29.4	25.2	−4.2	29.9	26.4	−3.5

表 2-4　家でどのような勉強をするか(「しない」の割合)

（％）

	小 89	小 01	変化	中 89	中 01	変化
学校の宿題	1.5	2.1	+0.6	11.4	33.0	+21.6
学校の勉強の復習	43.3	46.7	+3.4	43.6	60.2	+16.6
学校の勉強の予習	59.2	60.8	+1.6	63.4	74.1	+10.7
塾の予習復習	71.2	67.6	−3.6	48.5	59.6	+11.1

選択肢は「いつもする」「ときどきする」「しない」の３つで，表中の数値は，「しない」と答えた者の割合．

まず、**表２−３**は、子どもたちの生活時間の変化をみたものである。「家で勉強する」時間の平均値をみると、小学生（小五）で約一三分、中学生（中二）で約一五分少なくなっており、〇一年の中学生の勉強時間はわずかに二九分となっている。それに対して、「テレビをみる」時間は、中学生では何と一五九分に達し、前回から三〇分以上の大幅な増加となっている。一五九分と言えば、「二時間半以上」である。対象となったすべての中二の子どもたちの平均テレビ視聴時間が、二時間半以上となっているという結果に、驚きを感じない人がいるだろうか。「ＴＶゲームをする」時間も大幅に増えており、小学生で約二二分、中学生で約二八分の伸びとなる。他方で、「読書をする(マンガ・雑誌を除く)」時間は、絶対量が少ないためにそれほど落ち込みはひどくないものの、小学生で約二五分、中学生で約二六分と三〇分未満にとどまっている。

この結果は、これまで他の調査によっても指摘されてきた子どもたちの「勉強離れ」や「メディア漬け」傾向の強まりという趨勢とぴったり一致する。一九九〇年代を通じて、子どもたちの「自ら学ぶ」主体性を期待した教育改革が展開されてきたわけだが、皮肉にも、子どもたちの姿はその期待とは裏腹な方向へと進んでいるようである。

前頁の**表2-4**は、家庭での学習の仕方についてたずねたものである。「家でどのような勉強をしますか」という設問に対して、「宿題」「予習」「復習」「塾の勉強」という四つの項目を用意し、「しない」と答えた者の割合をまとめてみた。表からうかがえるのは、とりわけ中学生で、家庭学習離れが進行しているという実態である。「宿題をしない」一二・六％増を筆頭に、いずれの項目でも一〇ポイント以上「しない」と答えた者が増加している。その結果、三分の一の中学生が家で宿題をすることがなく、さらに六割が「復習」を、四分の三が「予習」をしないという結果となっている。

こうした「家庭学習離れ」の状況が、①でみた点数の低下の原因のすべてであるということはもちろんできないが、しかしながら、両者に密接な関係があることは明白である。子どもたちの「よさ」や個性を重んじ、主体性を尊重しようとする、「ゆとり」路線のもとでの教育界の風潮が、子どもたちの生活に対する「しばり」をゆるめ、学習に取り組む姿勢を結果として弛緩させたという状況を、これらの数値から読み取ることはむずかしくはない。

③「できる子」と「できない子」への分極化傾向が見られる

次頁の図２-１は、中学校数学の得点分布を一〇点きざみで表示したものである。注目すべきは、折れ線で示したように、黒い棒で表される〇一年の子どもたちの分布が「二こぶラクダ化」の形状を示していることである。すなわち、第一のピークが「八〇点台」(二七・九％)のところにあるのに対して、それほど高い山ではないものの、「三〇点台」(七・九％)のところに第二のピークができている。この小さな山はかつて八九年には見られなかったものである。

当時、教育現場でしばしば耳にしたのが、この「二こぶ化」現象であった。すなわち、「子どもたちの学力がおしなべて低下している」というわけではなく、「できる子は依然としてできるが、できない子がどんどんできなくなり、結果として格差が広がり、二こぶ化が進んでいる」。教師たちの実感として語られるこうした「二こぶ化」現象の兆しが、はからずもこの中学校数学のグラフから読み取れるのである。図２-２に示したのは、中学生のうち「塾に行っていない者」だけを取り出して、同じように得点分布を表示したものである。グラフから明らかなように、「二こぶラクダ」の形状はより顕著な形をとっている。

だから中学生は塾に行かなければならない、ということを言いたいわけでは決してない。全

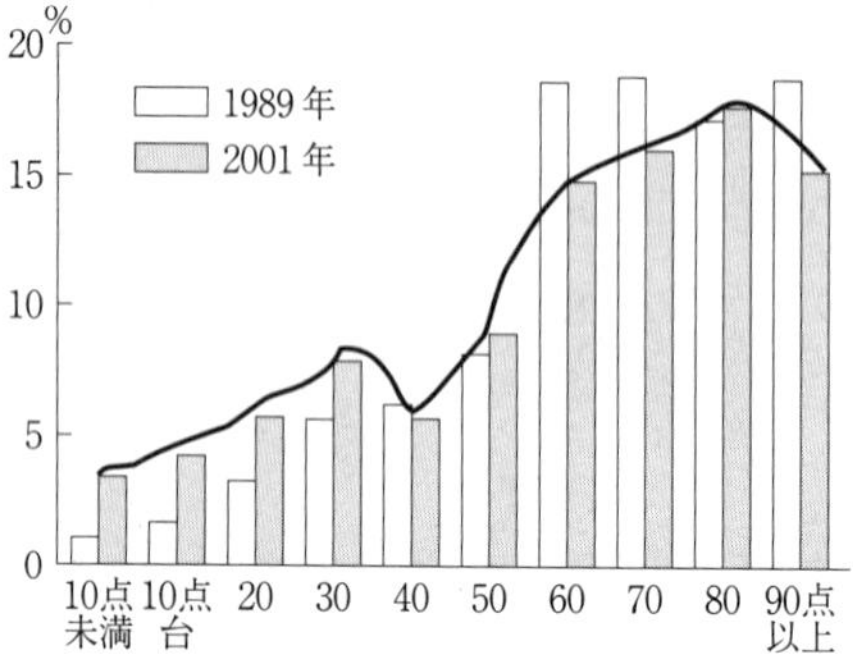

図2-1　中学校数学の得点分布の変化

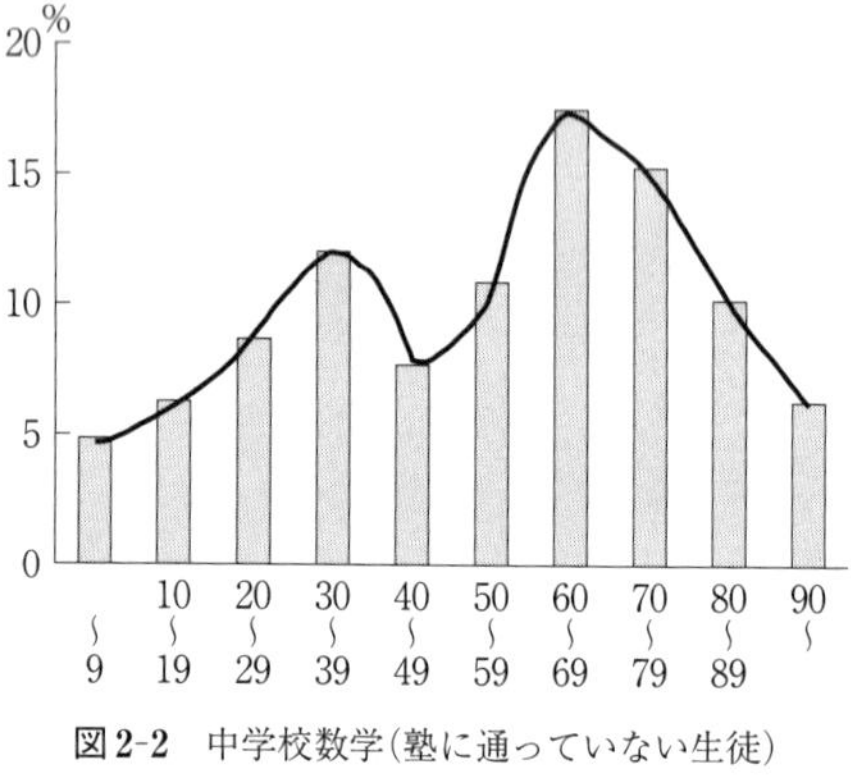

図2-2　中学校数学(塾に通っていない生徒)

くそれとは逆である。すなわち、この調査ではほぼ五割に達していた「塾に行っていない者」は、いわば「学校しか勉強を教わる場所がない」生徒たちである。彼らこそ、学校でみっちりとした指導を受け、たしかな数学の学力を獲得しなければならない層である。そのグループに、低得点をとる者が極端に多くなっているのである。言葉は悪いが、塾に行かない中学生は、数学で「落ちこぼれる」確率がきわめて高くなるのである。どうすればよいのか。答えは明白である。彼らは、家庭および学校の力によって支えられなければならないのである。

④その二極分化は、家庭環境と密接に結びついている

すでに右で述べたことと重なるが、私たちの調査で明らかになった第四のポイントは、できる子とできない子という二つのこぶは、子どもたちの家庭的背景と密接に関連していることであった。すなわち、右側のこぶ(「できる」層)には、恵まれた、安定した家庭生活を送っている子どもたちが、左側のこぶ(「できない」層)には、そうではないグループが集まってくる傾向が見出されたのである。

次の表**2-5**は、「学習意欲」「学習行動」「学習の成果」にかかわるさまざまな項目について、「文化的階層」別の数値を並べてみたものである。この「文化的階層」という考え方には、若干の解説が必要であろう。私たちは家庭の影響をみるために、文化的な環境の違いに注目した。学力に対する「階層」的要因の影響をどのように捉えるかについては、第3章で論じるので、そちらをごらんいただきたい。ここでは、「家の人はテレビでニュース番組を見る」「家の人が手作りのお菓子を作ってくれる」「小さいとき、家の人に絵本を読んでもらった」「家の人に博

(文化的階層グループ別)

(%)

小学校			中学校		
上位	中位	下位	上位	中位	下位
93.2	90.5	82.2	71.7	67.2	55.9
30.6	21.4	14.2	19.3	15.0	8.0
74.1	69.4	54.0	55.2	45.7	34.0
60.3	53.1	41.5	42.9	32.1	24.5
83.2	76.9	67.7	83.5	79.3	71.0
57.9	48.1	35.6	47.6	39.4	31.1
57.6	43.0	32.6	52.9	45.3	32.1
59.1	43.9	38.0	41.6	29.1	24.1
55.9	39.8	33.2	35.3	25.1	15.8
41.2	44.5	50.4	23.9	27.2	35.7
86.2	78.3	69.7	77.1	62.3	57.0
69.4	65.6	64.7	81.4	77.5	63.8
11.8	16.9	19.9	31.4	42.9	57.5
31.2	44.2	59.9	43.1	60.7	67.9
65.3	65.0	58.2	36.7	28.6	18.4
11.5	16.6	27.0	26.9	38.6	56.8
51.2分	38.3分	35.3分	38.9分	27.3分	20.7分
40.2分	25.8分	19.9分	36.8分	24.5分	19.2分
0.9	1.5	3.9	21.0	31.6	41.7
36.2	45.1	59.3	46.7	57.8	70.0
51.2	59.1	68.5	64.8	69.8	81.1
47.4	42.4	32.0	70.6	63.6	52.1
43.8	46.0	48.7	23.4	28.9	35.4
91.2	88.4	80.7	94.0	92.5	87.5
13.5	8.3	8.3	14.1	9.9	6.6
28.5	26.4	19.9	26.6	21.4	20.8
42.0	34.7	28.2	40.7	31.3	27.4
38.5	30.6	27.9	13.9	8.7	5.4
35.0	35.6	34.7	31.1	26.1	18.6
73.5	66.2	62.6	45.0	34.8	24.0
147点	145点	132点	140点	134点	117点
75点	74点	67点	69点	65点	55点
72点	71点	65点	71点	69点	62点

表2-5　学習意欲・学習行動・学力

学習意欲	家庭での勉強の仕方	出された宿題はきちんとやる
		授業で習ったことについて自分で詳しく調べる
		嫌いな科目の勉強でも頑張ってやる
		家の人に言われなくても自分から進んで勉強する
	受けたい授業	教科書や黒板を使って先生が教えてくれる授業
		ドリルや小テストをする授業
		自分たちで調べる授業
		自分たちの考えを発表したり意見を言いあう授業
	成績観	勉強はおもしろい
		成績が下がっても気にならない
		勉強は将来役に立つ
		人よりいい成績をとりたいと思う
学習行動	家庭学習	「しない」
	読書(漫画・雑誌を除く)	「しない」
	勉強日数(週あたり)	「ほぼ毎日」+「週4,5日」する
		「ほとんどしない」
	家庭での学習時間(平均時間)	
	読書時間(平均時間)	
	学校の宿題(家庭での勉強内容)	「しない」
	学校の復習(家庭での勉強内容)	「しない」
	学校の予習(家庭での勉強内容)	「しない」
	「先生が黒板に書いたことはしっかりノートにとる」(授業中の態度)	「とても」
		「まあ」
		「とても」+「まあ」の合計
	「授業でわからないことを後で先生に質問する」(授業への取り組み)	「とても」
		「まあ」
		「とても」+「まあ」の合計
	「テストで間違えた問題はしっかりとやり直す」(授業への取り組み)	「とても」
		「まあ」
		「とても」+「まあ」の合計
学習の成果	学力テスト(2教科合計得点の平均点)	
	算数・数学のテスト(平均点)	
	国語のテスト(平均点)	

「学習意欲」の数値は「とても」または「まあ」と答えた者の割合.

物館や美術館に連れていってもらったことがある」「家にはコンピューターがある」という五つのアンケート項目への回答をもとに、小中学生それぞれに主成分分析という統計手法を用いて、家庭の文化的環境を示す一元的な尺度をつくった。このものさしを用いて、小中学生それぞれの調査対象者数がほぼ三分の一ずつになるように、三つのグループをつくった(「上位グループ」「中位グループ」「下位グループ」)。**表2-5**は、小中学生のそれぞれについて、この文化的階層別の集計を示したものである。

まず、学習意欲に関する項目であるが、いずれの項目についても家庭の文化的環境の差が大きく出ていることがわかる。たとえば、「勉強はおもしろい」と答えた小学生は「上位」(五五・九%)→「中位」(三九・八%)→「下位」(三三・二%)、同じく中学生は「上位」(三五・三%)→「中位」(二五・一%)→「下位」(一五・八%)と、きれいな格差構造を示している。こうした格差は、驚くべきことに、すべての項目で、そして小中学生ともに見られる。

学習行動に対する項目についても、基本的に事情は同じである。先にみた「家庭での学習時間」や「読書時間」においても、各グループ間には明確な格差がみられる。すなわち、たとえば「家庭での学習時間」については、小学生で「上位」(五一・二分)→「中位」(三八・八分)→「下位」(三五・三分)、同じく中学生で「上位」(三八・九分)→「中位」(二七・三分)→「下位」(二〇・七分)となっている。

最下段の「学習の成果」としてのテストの点数についても、その傾向は変わらない。二教科の合計点でみると、小学生では「上位」(一四七点)→「中位」(一四五点)→「下位」(一三一点)、同じく中学生で「上位」(一四〇点)→「中位」(一三四点)→「下位」(一一七点)と、とりわけ「上位」「中位」と「下位」との間に大きな階層差がみられることがわかる。先にみた、塾に行っていない生徒の学力の著しい低迷は、階層的に不利な環境のもとにある子どもたちの学力低下と重なり合って生じていると考えられるのである。

⑤しかしながら、そうした低下や二極分化を克服している学校がある

ある程度予想はされたものの、①から④までの結果が実際に出てきたとき、私たちはいささか当惑した。何か「よい」結果は出ないものか。こうした「灰色」がかった現状に希望や展望を与えるような方向性を、私たちのデータから取り出すことができないだろうか。そのような思いで、私自身が学校別の集計を行っているときに見出したのが、「がんばっている学校」の存在であった。調査対象校のなかで、ひとつの中学校とひとつの小学校の結果が、非常にポジティブなものとして浮かび上がってきたのである。それらの学校では、低学力層の底上げがなされ、分極化傾向が抑止されているのみならず、子どもたちの学習意欲や学習習慣が積極的なものに形づくられていたのであった(苅谷他『調査報告「学力低下」の実態』岩波書店、二〇〇二年)。

この結果の詳細については、第4章のメインテーマとなるので、そちらでじっくりと検討することにしたいが、ひとつだけデータを提示しておくことにしたい。それが、**表2-6**である。これは、対象となった小学校一五校のうちから、特徴的な結果をもっていると判断された四つの小学校をピックアップして、「階層」要因と「学力」要因との関係をみるために作成したものである。

ここに掲載した「階層」指標は、「父大卒」率、先にみた「文化的階層」で「上位」とカテゴリー化される子どもの比率(上位層は全体の三分の一なので、期待値は各校で「三三・三%」ということになる)、および「通塾」率の三つである。また、「学力」については、二つの教科のテストの「平均点」と「標準偏差」(点数のバラツキ具合を示す指標。数値が大きいほど、できる層とできない層とのバラツキが大きいことを示す)を示した。

( )内は順位

標準偏差	対象者数
17.9	72
9.8	76
21.6	69
24.8	61
	921

表中のE小の数字の出方に注目していただきたい。E小は「父大卒率」が二五・〇%(一五校中七位)、「文化的階層」が「上位」の子どもたちの比率が三八・〇%(同五位)、「通塾」率にいたっては一

表 2-6　対象校のプロフィール（小学校）

	父大卒（%）	文化的階層（%）	通塾（%）	国語平均（点）	標準偏差	算数平均（点）
D 小	48.6(1)	54.5(1)	36.0(7)	74.7(4)	13.6	65.9(8)
E 小	25.0(7)	38.0(5)	13.9(14)	79.9(1)	12.8	80.1(1)
F 小	24.2(8)	33.3(7)	30.8(8)	67.7(8)	16.5	66.2(7)
G 小	20.0(12)	22.4(14)	17.0(12)	63.2(12)	23.7	48.4(14)
全体	29.0	33.1	29.4			

三・九%（同一四位）と、三つの階層指標に関して、特段に恵まれているというわけではない。にもかかわらず、国語と算数のテストの平均点は両方とも首位（国語七九・九点、算数八〇・一点）で、標準偏差で示される点数のバラツキもきわめて小さい。言葉を換えるなら、E小の子どもたちは、教育的な観点からみて特に恵まれた家庭環境のもとにあるというわけではないのに、きわめて高い基礎学力水準を有しているのである。

それは、どうしてか。何が、その高い学力パフォーマンスを支えているのか。その後、E小の事例をつぶさに観察することによって明らかになったのは、E小の教育活動全体が、この成果を生み出しているという事実であった。子どもたちの基礎学力を下支えする「学校の力」の存在が見出されたのである。それが、本書第4章のテーマとなる。

⑤については、後に扱うことにして、ここで焦点化したいのは、①―④までのポイントである。私たちの調査から明らかになったの

は、「子どもたちの基礎学力の水準の低下」であり、「できる層とできない層の格差の拡大」であった。これは、私たちの調査だけにみられる特徴なのか。あるいは、「水準の低下」や「格差の拡大」は、日本の子どもたちに一般的に観察できる傾向としてよいのだろうか。以下では、近年の国際学力比較調査の結果から、これらのポイントについて簡単に検討しておくことにしよう。

3 学力は低下していると言えるか——国際学力比較調査から

「国際数学・理科教育動向調査」の結果をみる

昨年(二〇〇四年)の末に、二つの国際学力調査の結果が相次いで報告された。OECD(経済協力開発機構)が実施した「生徒の学習到達度調査」(PISA二〇〇三)とIEA(国際教育到達度評価学会)が実施した「国際数学・理科教育動向調査」(TIMSS二〇〇三)である。**表2-7**は、文科省のホームページから抜粋したものである。この二つが、権威ある国際学力比較調査として今日広く認められているものである。

まず、TIMSSの方からみてみよう。この調査は、第一回調査が今から四〇年あまり前の

表 2-7　PISA 調査と TIMSS 調査の概要

	PISA 2003 生徒の学習到達度調査	TIMSS 2003 国際数学・理科教育動向調査
実施主体	経済協力開発機構(OECD) (1960 年設立の政府間機関, 30 カ国より構成)	国際教育到達度評価学会(IEA) (1960 年設立の国際学術研究団体, 60 カ国／地域の教育研究機関より構成)
参加国	41 カ国／地域(OECD 加盟 30 カ国, 非加盟 11 カ国／地域)	小学校 4 年生：25 カ国／地域 中学校 2 年生：46 カ国／地域
調査実施時期	2003 年 7 月(前回は 2000 年)	2003 年 2 月 (前回は小学校：1995 年, 中学校：1999 年)
調査対象	高校 1 年生(約 4,700 人)	小学校 4 年生(約 4,500 人) 中学校 2 年生(約 4,900 人)
調査項目	読解力, 数学的リテラシー, 科学的リテラシー, 問題解決能力(2003 年調査から)	算数・数学, 理科
調査内容	知識や技能等を実生活の様々な場面で直面する課題にどの程度活用できるかを評価(記述式が中心)	学校のカリキュラムで学んだ知識や技能等がどの程度習得されているかを評価(選択肢が中心)

文部科学省のホームページより

一九六四年に実施されたという歴史ある国際学力調査である。今日では、小四と中二の二学年に対し、算数・数学と理科の二科目の試験が課されている。表にもあるように、試験問題は「学校のカリキュラムで学習する知識・技能の習得の度合い」を測るものが中心で、選択式の問題が主流を占める。

次頁の**表 2－8** に示されているように、これまで算数・数学と理科のテストが都合五度ずつ実施されており、日本の順位はいずれの教科においてもじりじりと低下しているように見受けられる。この順位の低下をもって、日本の子どもたちの学力は国際的にみて低

表 2-8　IEA の調査における日本の位置

①算数・数学の成績

	小学校	中学校
1964 年(第 1 回)	実施していない	2 位／12 カ国
1981 年(第 2 回)	実施していない	1 位／20 カ国
1995 年(第 3 回)	3 位／26 カ国	3 位／41 カ国
1999 年(第 3 回追調査)	実施していない	5 位／38 カ国
2003 年(第 4 回)	3 位／25 カ国	5 位／46 カ国

②理科の成績

	小学校	中学校
1970 年(第 1 回)	1 位／16 カ国	1 位／18 カ国
1983 年(第 2 回)	1 位／19 カ国	2 位／26 カ国
1995 年(第 3 回)	2 位／26 カ国	3 位／41 カ国
1999 年(第 3 回追調査)	実施していない	4 位／38 カ国
2003 年(第 4 回)	3 位／25 カ国	6 位／46 カ国

文部科学省のホームページより

下しているという主張がなされることが多いのであるが、表をみれば一目瞭然なように、その「見かけ上の低下」は、実はテストに参加する国の増加に部分的には起因しているとみてよい。すなわち、第一回・第二回の調査では、日本の順位は一位か二位だったわけであるが、その頃まではこの調査への参加国はせいぜい二十数カ国にとどまっていたのである。それが二〇〇三年に実施された調査では、中学校の場合、日本の順位は数学が五位、理科が六位となっているが、参加国数も四六カ国とかつての倍近くに増えている。

七四―七五頁の**表 2-9**を見ていただくと、より事情がはっきりしてくる。すなわち、日本の順位の低下は、実は、シンガポール・韓国・台湾等のアジア諸国がある段階からこのTIMSS調査に参加したことの直接的な結果だと推論できるのである。逆に言うなら、かりにそれらの国がたとえば一九六四年に実施された第一回調査に参加していれば(もっとも、シンガポールがマレーシアから独立したのは一九六五年のことであるが)、日本の順位は一位ではなかった公算が高いと考えられるのである。

このTIMSSの中学校・数学の結果でみるかぎり、シンガポールの高いパフォーマンスが頭ひとつ抜きんでているという印象があるが、それ以降の韓国・香港・台湾・日本の差はそれほど大きなものではなく、一団となっているとみることもできる。理科についても、結果は大同小異である。

したがって、結論的に言うなら、日本の子どもたちの算数・数学や理科の基礎学力の水準低下は、少なくとも国際比較という観点から見た場合、目くじらを立てるほどのものではないということになる。そもそもこの度の学力低下論争の発端は、「国立大学生の数学・理科の学力低下」という大学教員からの告発にあったわけであるが、この一部の大学生の問題を、小中学生の全般的な学力低下に結びつけて論じる姿勢は乱暴なものと言わざるをえない。

第3回　TIMSS 1995年		第3回　TIMSS-R 1999年		第4回　TIMSS 2003年	
中学校2年		中学校2年		中学校2年	
41		38		45	
シンガポール	643点	シンガポール	604点	シンガポール	605点
韓国	607	韓国	587	韓国	589
日本	605	台湾	585	香港	586
香港	588	香港	582	台湾	585
ベルギー(フラマン語圏)	565	日本	579	日本	570
チェコ	564	ベルギー(フラマン語圏)	558	ベルギー(フラマン語圏)	537
スロバキア	547	オランダ	540	オランダ	536
スイス	545	スロバキア	534	エストニア	531
オランダ	541	ハンガリー	532	ハンガリー	529
スロベニア	541	カナダ	531	マレーシア	508
ブルガリア	540	スロベニア	530	ラトビア	508
オーストリア	539	ロシア	526	ロシア	508
フランス	538	オーストラリア	525	スロバキア	508
ハンガリー	537	フィンランド	520	オーストラリア	505
ロシア	535	チェコ	520	アメリカ合衆国	504
オーストラリア	530	マレーシア	519	リトアニア	502
アイルランド	527	ブルガリア	511	スウェーデン	499
カナダ	527	ラトビア	505	スコットランド	498
ベルギー(フランス語圏)	526	アメリカ合衆国	502	イスラエル	496
タイ	522	イギリス	496	ニュージーランド	494
	(以下略)		(以下略)		(以下略)

表 2-9　数学の成績(中学校)

	第 1 回 1964年		第 2 回 1981年	
対象学年	中学校 2 年		中学校 1 年	
参加国(地域)数	12		20	
平均得点 (第 1 回は 70 点満点, 第 2 回は平均正答率の値)	イスラエル	32.3点	日本	62.3%
	日本	31.2	オランダ	57.4
	ベルギー	30.4	ハンガリー	56.3
	西ドイツ	25.5	フランス	52.6
	イギリス	23.8	ベルギー(フラマン語圏)	52.4
	スコットランド	22.3	カナダ(ブリティッシュコロンビア州)	51.8
	オランダ	21.4	スコットランド	50.8
	フランス	21.0	ベルギー(フランス語圏)	50.0
	オーストラリア	18.9	香港	49.5
	アメリカ合衆国	17.8	カナダ(オンタリオ州)	49.4
	フィンランド	16.1	イギリス	47.4
	スウェーデン	15.3	フィンランド	46.9
			ニュージーランド	45.6
			アメリカ合衆国	45.5
			イスラエル	44.7
			タイ	42.3
			スウェーデン	41.6
			ルクセンブルク	37.6
			ナイジェリア	33.9
			スワジーランド	31.6

文部科学省のホームページより

のに，それと同じスタイルの落書きが不愉快とみなされているなんて，笑ってしまいます．

芸術多難の時代です．　　　　　　　　ソフィア

（問 1）　この二つの手紙のそれぞれに共通する目的は，次のうちどれですか．

A　落書きとは何かを説明する．

B　落書きについて意見を述べる．

C　落書きの人気を説明する．

D　落書きを取り除くのにどれほどお金がかかるかを人びとに語る．

（問 2）　ソフィアが広告を引き合いに出している理由は何ですか．

（問 3）　あなたは，この 2 通の手紙のどちらに賛成しますか．片方あるいは両方の手紙の内容にふれながら，自分なりの言葉を使ってあなたの答えを説明してください．

（問 4）　・手紙に何が書かれているか，内容について考えてみましょう．

・手紙がどのような書き方で書かれているか，スタイルについて考えてみましょう．

・どちらの手紙に賛成するかは別として，あなたの意見では，どちらの手紙がよい手紙だと思いますか．片方あるいは両方の手紙の書き方にふれながら，あなたの答えを説明してください．

出典：国立教育政策研究所『生きるための知識と技能　PISA 2000 調査国際結果報告書』2001 年，73-77 頁

表2-10　落書きに関する問題

学校の壁の落書きに頭に来ています．壁から落書きを消して塗り直すのは，今度が4度目だからです．創造力という点では見上げたものだけれど，社会に余分な損失を負担させないで，自分を表現する方法を探すべきです．

禁じられている場所に落書きするという，若い人たちの評価を落とすようなことを，なぜするのでしょう．プロの芸術家は，通りに絵をつるしたりなんかしないで，正式な場所に展示して，金銭的援助を求め，名声を獲得するのではないでしょうか．

わたしの考えでは，建物やフェンス，公園のベンチは，それ自体がすでに芸術作品です．落書きでそうした建築物を台なしにするというのは，ほんとに悲しいことです．それだけではなくて，落書きという手段は，オゾン層を破壊します．そうした「芸術作品」は，そのたびに消されてしまうのに，この犯罪的な芸術家たちはなぜ落書きをして困らせるのか，本当に私は理解できません．

ヘルガ

十人十色．人の好みなんてさまざまです．世の中はコミュニケーションと広告であふれています．企業のロゴ，お店の看板，通りに面した大きくて目ざわりなポスター．こういうのは許されるでしょうか．そう，大抵は許されます．では，落書きは許されますか．許せるという人もいれば，許せないという人もいます．

落書きのための代金はだれが払うのでしょう．だれが最後に広告の代金を払うのでしょう．その通り，消費者です．

看板を立てた人は，あなたに許可を求めましたか．求めていません．それでは，落書きをする人は許可を求めなければいけませんか．これは単に，コミュニケーションの問題ではないでしょうか．あなた自身の名前も，非行少年グループの名前も，通りで見かける大きな製作物も，一種のコミュニケーションではないかしら．

数年前に店で見かけた，しま模様やチェックの柄の洋服はどうでしょう．それにスキーウェアも．そうした洋服の模様や色は，花模様が描かれたコンクリートの壁をそっくりそのまま真似たものです．そうした模様や色は受け入れられ，高く評価されている

生徒の学習到達度調査の結果を見る

続いて、今ひとつのPISA調査について見てみることにしよう。二〇〇〇年に実施された第一回調査(PISA二〇〇〇)に続く今回のPISA二〇〇三に参加したのは、四一カ国・地域の一五歳児である。TIMSSが伝統的な教科の基礎学力に焦点をあてるのに対して、PISAの方は「知識や技能を実生活のさまざまな場面の課題にどの程度活用できるか」という応用的な学力をみることが目指されている。解答には記述式が多く取り入れられており、よく練られた良問が多いという印象である。今回実施されたのは、「読解力」「数学的リテラシー」「科学的リテラシー」「問題解決能力」という四種のテストであった。

PISA調査のイメージをつかむために、「読解力」テストで出題された問題の一例を示しておこう(七六―七七頁、**表2-10**)。この「落書き」に関する設問は、PISA二〇〇〇で出題されたものである。落書きについての二人の意見を読んだうえで、四つの設問に

(点)

問題解決能力	
〈日本は1位グループ〉	
韓　国	550
香　港	548
フィンランド	548
日　本	547
ニュージーランド	533
マカオ	532
オーストラリア	530
リヒテンシュタイン	529
カナダ	529
ベルギー	525
スイス	521
オランダ	520
フランス	519
デンマーク	517
チェコ	516
ドイツ	513
スウェーデン	509
オーストリア	506

表2-11　PISA 2003における平均得点の国際比較(上位18カ国)

数学的リテラシー		読解力		科学的リテラシー	
〈日本は1位グループ〉		〈日本はスウェーデン以上と有意差あり〉		〈日本は1位グループ〉	
香　港	550	フィンランド	543	フィンランド	548
フィンランド	544	韓　国	534	日　本	548
韓　国	542	カナダ	528	香　港	539
オランダ	538	オーストラリア	525	韓　国	538
リヒテンシュタイン	536	リヒテンシュタイン	525	リヒテンシュタイン	525
日　本	534	ニュージーランド	522	オーストラリア	525
カナダ	532	アイルランド	515	マカオ	525
ベルギー	529	スウェーデン	514	オランダ	524
マカオ	527	オランダ	513	チェコ	523
スイス	527	香　港	510	ニュージーランド	521
オーストラリア	524	ベルギー	507	カナダ	519
ニュージーランド	523	ノルウェー	500	スイス	513
チェコ	516	スイス	499	フランス	511
アイスランド	515	日　本	498	ベルギー	509
デンマーク	514	マカオ	498	スウェーデン	506
フランス	511	ポーランド	497	アイルランド	505
スウェーデン	509	フランス	496	ハンガリー	503
オーストリア	506	アメリカ	495	ドイツ	502

文部科学省ホームページより

答える形式となっている。

解答は論理的な答えを要求するものとなっている。たとえば問三であれば、二通の手紙のどちらに賛成するかを、論拠を明確にして自分の言葉で答えることを求める問題である。両方の手紙にふれて論拠を明らかにしていることと、自分の意見を明確に主張することが求められる。日本の正答率は七割強で、平均をやや上回っていた。「日本の生徒もなかなかやるな」という印象である。

（　）は標準誤差

レベル4（553点以上626点未満）	レベル5（626点以上）
33.4（0.7）	14.7（0.7）
23.2（1.1）	9.7（0.9）
4.3（0.6）	0.5（0.1）
21.3（0.2）	8.3（0.1）

さて、ＰＩＳＡ二〇〇三の結果を示したのが、前頁の**表2-11**である。見ていただければわかるように、「数学的リテラシー」が六位（二〇〇〇年に実施された前回は一位）、「科学的リテラシー」が二位（同二位）、「問題解決能力」が四位（今回が初めて）となり、いずれも一位グループに位置する結果となっているのに対して、「読解力」は一四位（前回八位）というふるわない結果となっている。この「読解力」の平均点は、前回から二四ポイントも落ち込む四九八点となっており、全体平均を二点下回る結果となっている。

「読解力」以外の三つのテストの結果は、それほど悲観視しなくてもよい結果となっているが、三年間という短い期間における、この「読解力」のスコアの大幅な低下は、気がかりな結果ではある。

さらに見逃してはならないのが、**表2-12**で示した得点の分布である。生徒たちの得点を六つのレベルに分けてみたところ、日本で「レベル1未満」の水準にとどまる生徒が七・四％と、参加国平均の六・七％をも上回る結果となっている。「レベル1未満」というのは、スコアが三三五点未満で、「最も基本的な知識と技能が身についていない」ため、きわめて

表2-12　読解力得点における習熟度レベル別生徒の割合

	レベル1未満（335点未満）	レベル1（335点以上408点未満）	レベル2（408点以上481点未満）	レベル3（481点以上553点未満）
フィンランド	1.1(0.2)	4.6(0.4)	14.6(0.6)	31.7(0.8)
日本	7.4(0.8)	11.6(0.8)	20.9(1.0)	27.2(1.1)
メキシコ	24.9(1.5)	27.1(1.2)	27.5(1.0)	15.6(1.0)
OECD平均	6.7(0.1)	12.4(0.2)	22.8(0.2)	28.7(0.2)

出典：国立教育政策研究所編『生きるための知識と技能2』(ぎょうせい, 2004), 154頁の表より抜粋.

注：フィンランドは, OECD加盟国のなかで最も「レベル1未満」の比率が少ない国, メキシコはそれが最も多い国として抽出しておいた.

不十分な読解力しかもたない層を指している。この数値は、第一回の二〇〇〇年調査では二・六％であった。つまり、四〇人のクラスがあれば、そのうちの一人が「レベル1未満」という状況だったのである。それが、三年後の第二回調査では、四〇人中ほぼ三人が「レベル1未満」にカウントされるという事態に立ち至っている。

三年間でなぜこれほどの低下が生じたのかを説明することは簡単ではないが、事実として「できない層」がこれだけ増えているという結果は、ショッキングなものである。これまで日本の子どもたちの学力については、平均値が高く、バラツキも小さいと見るのが通り相場であった。ＴＩＭＳＳ二〇〇三へといたるＩＥＡが実施してきたこれまでの調査およびＰＩＳＡ二〇〇〇は、そうした見方を支持する結果を提示し続けてきた。それが、ＰＩＳＡ二〇〇三にいたって、とうとう日本の子どもたちの学力についての「神話」を崩壊させるようなきびしい結果が見出されたのである。

私たちが実施した「二〇〇一年東大調査」で明らかになった、「できる子」と「できない子」との二極分化への趨勢は、PISA二〇〇三の「読解力」テストによって、一つの裏づけを得たことになる。問題なのは、子どもたちの全般的な学力の低下なのではなく、「できない」層への下支えがきかなくなってきていることである、という私たちの年来の主張をここでもう一度声を大にして述べておきたい。

4　学力の階層間格差の現状——二〇〇四年学校効果調査から

「効果のある学校」の発見

この章をしめくくるに当たってひとつの新たな調査結果を提示しておくことにしよう。ここでふれるのは、私たちが「二〇〇四年学校効果調査」と呼んでいるものである。第4章で詳しく述べるが、「二〇〇一年東大関西調査」を分析する過程で、私の関心は「子どもたちの学力の実態を把握すること」から、「低学力層の子どもたちの基礎学力を下支えしている学校の発見」へと移行していった。そして、二〇〇三年度に職場を今の大阪大学に移すことをきっかけにして、私は大阪の研究者仲間と、「効果のある学校(effective schools)」論、あるいは「学校効果(school effectiveness)」研究と称される欧米の研究の流れに即した調査研究に手を染めることになった。その中心的な活動が「二〇〇四年学校効果調査」の実施である。

この調査に関しては、すでに中間報告書が刊行されており(大阪市立大学人権問題研究センター『学校効果調査二〇〇四報告書』二〇〇五年)、主要な知見については第4章で改めて振り返ることにする。ここでは、この調査データから、子どもたちの学力の格差拡大の動向を確認しておくことにしたい。

非通塾層の「二こぶ化」

この「二〇〇四年学校効果調査」の対象となったのは、大阪府・兵庫県・徳島県から募集した公立小学校二七校、同中学校二六校である。学力テストは、小五と中二の国語と算数・数学。テストは、学年末に近い二月の中旬から下旬にかけて、各校で実施してもらった。対象者数は、小学生が一八一六名、中学生が三〇二八名である。

まず、八四頁、八六頁の図**2-3**〜**6**をごらんいただきたい。これは、小中学生の得点分布と通塾の関係を示したものである。図**2-3**と図**2-4**が国語、図**2-5**と図**2-6**が算数・数学につ

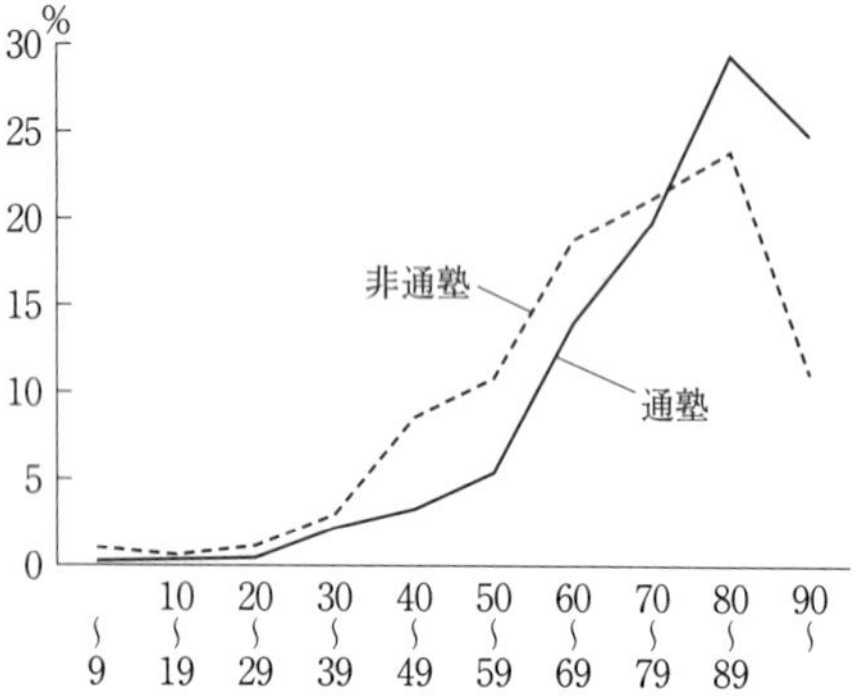

図 2-3　通塾別・小学校国語得点分布

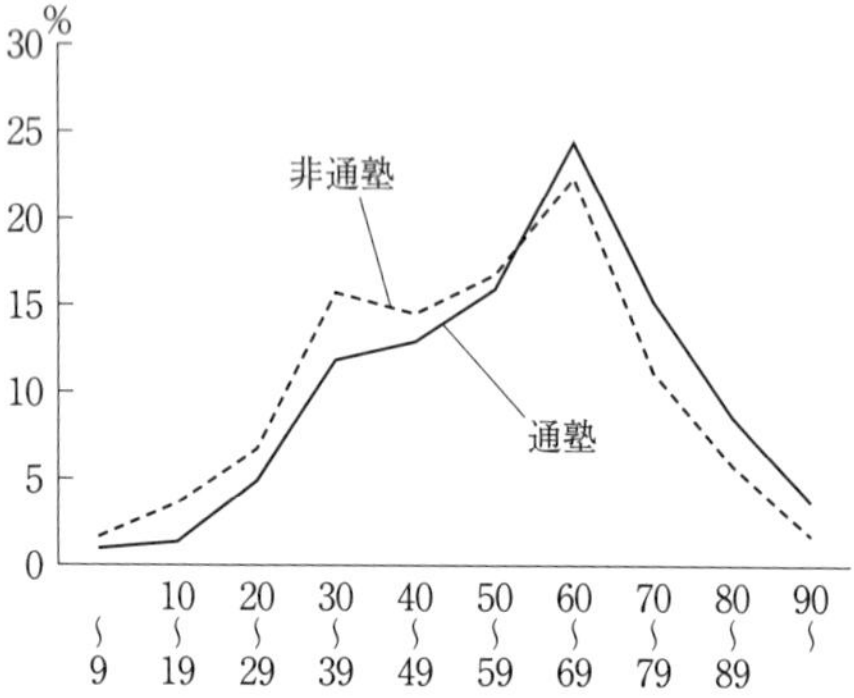

図 2-4　通塾別・中学校国語得点分布

いてのものである。

図2-3と**図2-4**と見比べてみよう。**図2-3**の小学校国語では、「通塾」グループの高得点層（八〇点以上）が「非通塾」グループに比べて明らかに多くなっていることがわかる。当然、そ

れ以下(八〇点未満)の点数をとる子どもの比率は「非通塾」グループで多くなる。しかしながら、いずれの曲線も右肩上がりの「ひと山」の形状(八〇点台をとっている子どもの比率が最も多い)を示しており、通常よく見られるタイプの分布となっている。それに対して、**図2-4**の中学校国語になると、山の形が全体に左側にシフトし、もはや右肩上がりの形ではなくなっていることがわかる。問題の難易度が上がっていることの反映であろう。両者の曲線は比較的似通っているが、やはり注目すべきは「非通塾」グループで「二こぶ化」の兆しが見てとれるということである。すなわち、「六〇点台」のピークの他に、「三〇点台」の所にもう一つの小さなピークができあがっているのである。2節では、中学校数学について「二こぶ化」の趨勢を指摘したわけだが、国語についても塾に行ってない層だけを取り出してみるなら、そこには同様の「二こぶ化」の傾向が見られるのである。

図2-5と**図2-6**は算数・数学である。**図2-5**の小学校算数では、二本の曲線の形に大きな違いが見られる。すなわち、「通塾」グループでは完全な右肩あがりの形になっているのに対して、「非通塾」グループでは「六〇点台」をピークとするなだらかな山の形をなしている。ただ、まだ小学生の段階では、「非通塾」グループについても「二こぶ化」の現象は見られない。ホッとさせられるような結果である。しかしながら、**図2-6**に目を移すと、がく然とす

る思いにとらわれることになる。すなわち、中学校の数学になると、「非通塾」グループで、「二こぶ」どころか、「三つこぶラクダ」の形を呈するようになっているのである。これは、きわめてショッキングな結果である。とりわけいちばん左のこぶ（〇―三九点）に属する者の比率

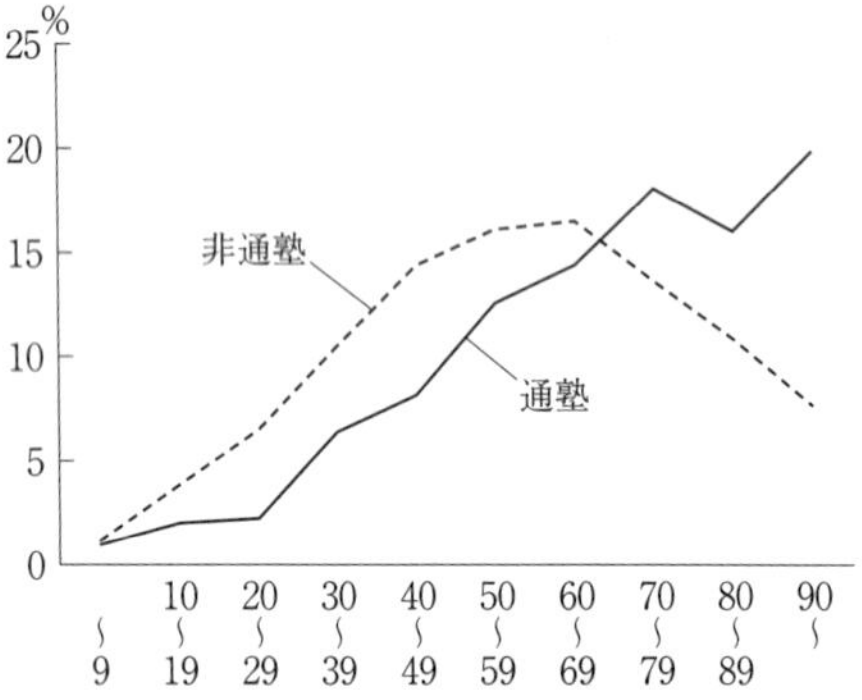

図 2-5　通塾別・小学校算数得点分布

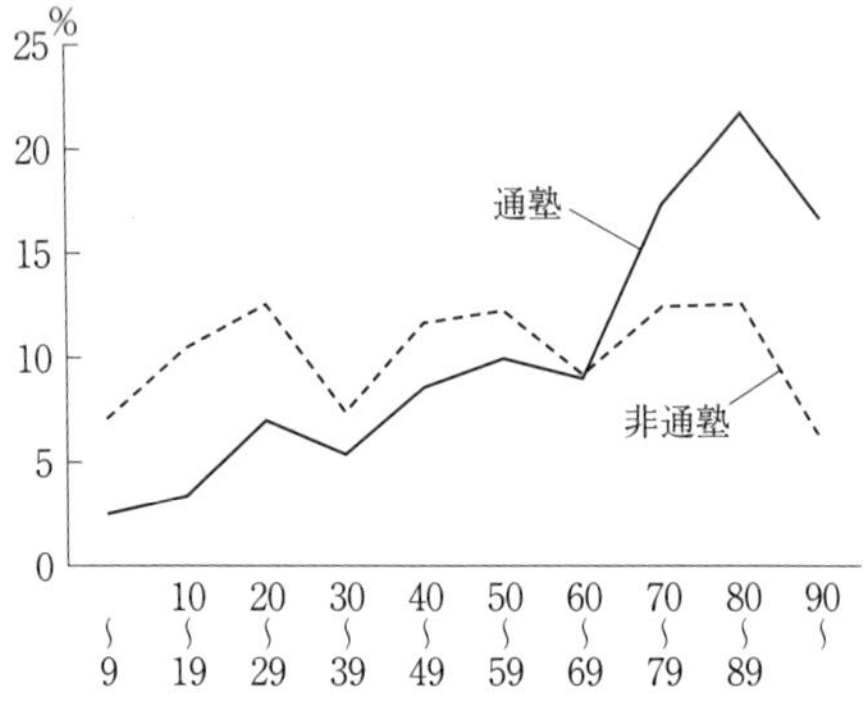

図 2-6　通塾別・中学校数学得点分布

が、合計で三七％にも達しているという結果は、衝撃的である。この結果は、座視できるものではない。先にも述べたように、「塾に行かない・行けない」層の子どもたちのこの現状を、家庭・学校、そして地域の力で何とかしていかねばならないのである。

次に、八八、八九頁の**図２-７〜10**をみてみることにしよう。これらは、得点と文化的階層との関連を図示したものである。先と同様に、**図２-７**と**図２-８**が国語、**図２-９**と**図２-10**が算数・数学である。

まず、国語をみてみよう。曲線が三本になるのでやや見にくくなるが、結果の特徴は明らかである。**図２-７**の小学生では、三本の曲線の形はそれほど異なってはいない。「下位」層の曲線が、他の二本と比べると、ややなだらかな山の形になっているのが目につくぐらいであり、「上位」と「中位」の曲線はほとんど同じような形となっている。それが、**図２-８**の中学生になると、先の通塾別で見たと同じように、文化的階層「下位」グループで、明確な「二こぶ化」が見られる。しかも今度の場合は、「六〇点台」のピークよりも、「三〇点台」のピークの方が高くなってしまっている。

お金を支払って勉強するという「通塾」の効果が、学校での学習に直接的に関係してくると考えられる一方で、家庭の環境のあり方にかかわる「文化的階層」なるものの影響は、ずっと

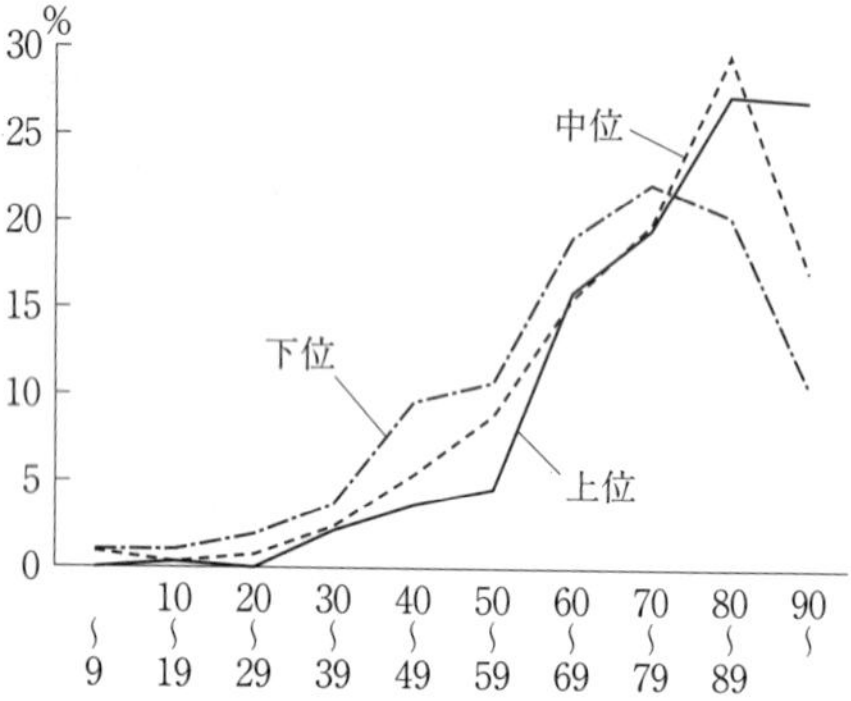

図2-7　文化的階層別・小学校国語得点分布

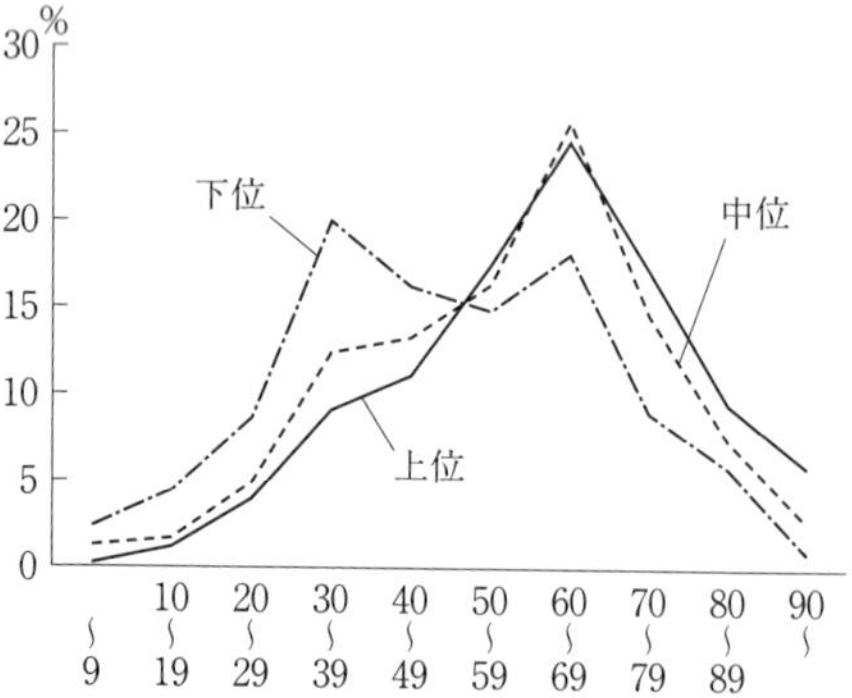

図2-8　文化的階層別・中学校国語得点分布

間接的なものであると言ってよい。それにもかかわらず、中学生になると、その影響は図2-8に示されるように顕在的なものに現実としてなっているのである。「上位」「中位」層と「下位」層との間に横たわる、このギャップ。それにどのように立ち向かうかが、次章以降のメインテーマとなる。

最後に、**図2-9**と**図2-10**を見ておくことにしよう。ここにも、これまで見出されてきた結果が繰り返されている。**図2-9**の小学生の算数については、**図2-7**の国語で見たのと全く同

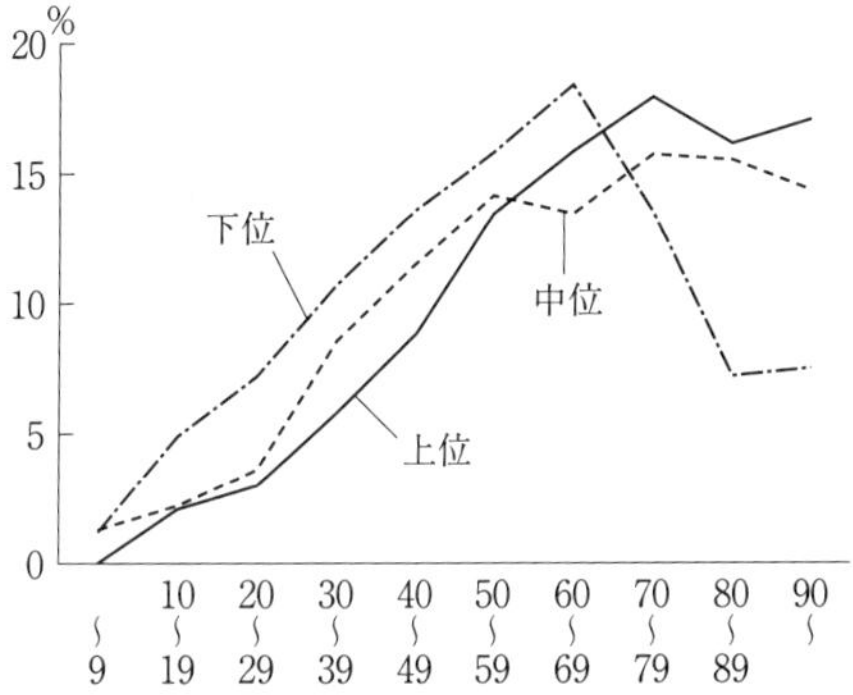

図2-9　文化的階層別・小学校算数得点分布

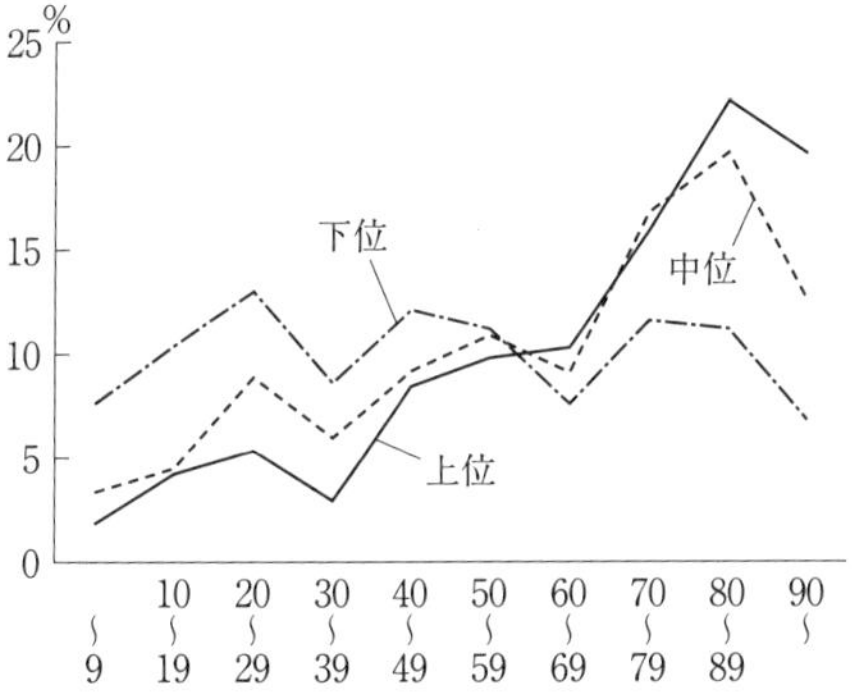

図2-10　文化的階層別・中学校数学得点分布

じ傾向がみてとれる。すなわち右肩上がりの「上位」「中位」に対して、ピークがより左側（「六〇点台」）に来る「下位」層という対比である。**図2-10**の中学生に関しては、「下位」層で、**図2-6**で見たのとほぼ同様の「三つこぶ」の形が見られる。そして、いちばん左側のこぶ（〇―三九点）に属する者の比率にいたっては、何と約四割に達しているのである。これまた、驚くべき数値である。文化的階層「下位」グループでは、四割もの中学生が、数学で四〇点未満しかとれないというのが現実なのだ。

ＰＩＳＡ二〇〇三の「読解力」テストで見出された低学力層の増大という趨勢は、私たちの「二〇〇四年学校効果調査」でも完全に裏づけられたと言ってよい。しかも、その低学力は、「塾に行っていない」という要因だけでなく、「家庭の文化的環境が恵まれていない」という要因とも同程度に関連しているということが明らかになった。

私たちは、どのような手を打てばよいのか。家庭・学校・地域で、何ができるのだろうか。

第3章
学力の基礎はどう形づくられるか
― 家庭の役割 ―

1　学力形成の最大要因としての家庭

教育における「階層」問題

第2章では、子どもたちの学力の現状について、近年実施されたいくつかの学力調査をもとに検討を進めてきた。そこで浮かび上がってきたのは、子どもたち全体の学力水準が下がっているというよりもむしろ、一部の子どもたちの学力が伸びず、結果として子どもたちの間の学力格差が拡大してきているというイメージであった。「一部」というのは、主として家庭の教育的環境に恵まれない子どもたちのことである。

二〇〇四年の私たちの調査では、文化的階層下位グループ、あるいは非通塾グループの三—四割に相当する中学生たちが、基礎的な数学のテストで四〇点未満という低い点数しかとれなかった。彼らのなかには、高校入試で大いに苦労した者も多かったであろう。せっかく入った学校を、すでに辞めてしまったという者もいるだろう。あるいは、そもそも中三の進路選択の時点で、進学という選択肢を選ばなかった者もいるにちがいない。中卒という学歴しか持たない者に対して、社会がどれほど厳しい仕打ちをするかという現実を知ることもなく。

小学校のときには見出しにくい「二こぶ」(あるいは「三こぶ」)が中学校で顕在化してくる理由のひとつは、「中学校になると学校の勉強がむずかしくなってくる」ということにあるのは間違いない。しかしながら、それと並んで、「中学生になると勉強がつまらなくなる」という要因も見逃してはならないだろう。TIMSSの結果で、日本の小中学生は世界で最も「算数・数学や理科がきらい」と回答していることはよく知られた事実である。

「勉強がおもしろくない」、あるいは「勉強をやっても意味がない」と感じるために、学校の勉強や宿題をやらなくなっていく中学生が存在する。彼らは、さして高校や大学に進学したいとは思わず、仲間や異性とのつきあい、あるいはバイトや趣味の世界に打ち込むことで自己確証をえようとする。彼らが次第に成績を落としていくのは、もっぱら彼らが「勉強をしなくなる」からであり、彼らの「頭がもともと悪い」ためではない。逆に、たとえ「勉強がつまらない、意味がない」と感じることがあっても、進学することを当たり前と考え、「将来のために」今の楽しみや喜びを限定的にしか追求しないタイプの中学生もまた存在する。勉強があまり得意でないとしても、彼らは「懸命に学校の勉強に取り組む」。そして、その結果として、そこそこの成績をキープする。

なぜ、そのような違いが生じるのか。この点に関して、私が専門とする教育社会学では、「階層」的要因の影響ということでそれを説明しようとしてきた。すなわち、親の階層的地位に密接に関連した価値観・子育ての方針の違いによって、そうした学校の勉強に取り組む姿勢の違いができるのだと。親の階層的地位をどう捉えるのかという点については、親の職業（職業階層）、収入の多さ（収入階層）、学歴の高さ（学歴階層）、家庭の文化的・教育的環境（文化的階層）等、これまでさまざまな視点が提示されてきた。

「階層」なるものは、実態として（モノのような形で）存在するわけではない。私たちがある視点で現実をみようとした時に、その視点で切り取られたものが「階層的現実」として私たちの目に映るのである。「二〇〇一年東大関西調査」や「二〇〇四年学校効果調査」で、「学歴階層」や「文化的階層」をキーにして学力の問題を分析したのは、実はそれらがより本質的に重要な要素だと考えたからではない。アンケート調査では「職業階層」や「収入階層」を聞けないために、「次善の策」としてそれらの指標を採用したというのが実情であった。

いずれにせよ、私たちの分析から明らかなのは、今日の日本社会において、子どもたちの学力形成に対する階層的要因の影響には根強いものがあるという事実である。今でこそ、「勝ち組」「負け組」といった言葉で日本社会の階層分化状況が声高に語られ、学力の階層間格差の問題がクローズアップされるようになってきたが、つい最近にいたるまで、教育界においてこの問題が正面きって論じられることはほとんどなかった。ずっと以前から、問題はそこにあったにもかかわらず。

西宮の「南北格差」

昔話をひとつ披露してみたい。

私が生まれ育った西宮は、大阪と神戸にはさまれた位置にあり、南北に長い地形をしている。大阪と神戸の間の距離は数十キロほどだが、その二都市を結ぶ鉄道が三本、数キロの間隔を置いて、平行して西宮の町を横切っている。その三本とは、南(海沿い)から北(山側)にかけて、阪神電車・JR・阪急電車であり、戦前から今日にいたるまで状況は変わっていない。

沿線に甲子園球場や競輪場・競艇場などをもつ阪神電車は、かつての臨海工業地帯を縫うように走っており、庶民的な町の住民を顧客としている。材木屋を営む私の家は、その阪神の西宮駅の、さらに南側の酒造地帯にあった。一方、JRを越えて、六甲山系の麓を走り抜けている阪急電車は、いわゆる阪神間の「山の手」エリアをその顧客地帯としており、シックな色調の車両やおしゃれな駅前商店街を「売り」としていた。

五歳か六歳の頃だったと思う。母親に連れられて、私ははじめて阪急電車に乗ることになった。阪神西宮駅から東に二駅の今津駅で阪急今津線という支線に乗り換える。そこから二駅で、西宮北口駅というターミナル駅に出る。そこで乗ったのが、大阪梅田駅と神戸三宮駅を結ぶ阪急神戸線というメインの路線であった。

北口駅から梅田駅へ向かう阪急の電車のなかで、私は目を白黒させていた。電車に乗っている人々が、ふだん乗っている阪神電車で見かける人たちと全く異なっていたのである。阪神電車の典型的なお客は、耳に赤鉛筆をはさみ、スポーツ紙をよみふける、サンダル履きの「おっちゃん」たちであった。それが、阪急では、そういう人は一人もおらず、「奥様」「お嬢様」と呼ぶしかないような装いと立ち居振る舞いの女性たちがたくさん乗っていたのであった。子どもの私には、まさにそこは「別世界」であった。距離にして、ほんの数キロのところである。そこにあるギャップは、今思えば、階層別の生活様式に由来する風景の差異だったのであろう。

これには、後日談がある。今から一〇年ちょっと前のことである。私は当時、大阪の教員養成系大学に勤務していた。教育実習のシーズンに、その大学の学生が、たまたま私の次男が通っていた小学校に配属となった。その小学校は、阪神の駅にほど近い、私自身がかつて通った小学校である。片や彼女自身は、同じ西宮市の阪急沿線の小・中学校出身の学生であった。要するに、北部出身の学生が、同一市内の南部の学校に実習に行ったのであった。たまたま私の息子のクラスの担当となった彼女に、私は聞いてみた。「違いはあるか」と。

彼女は言った。「全然違いますよ。まず、ここの子は、先生に敬語を使いませんね。親に話すように、先生や私に話しかけてくるのに驚きました。私の小学校では、みんな敬語でしたよ。それから、国語の教科書を読むときにも、ここの子どもらは、コテコテの関西弁で読みますね。私たちは、ちゃんと標準語で読んでましたけどね」。

同じ市内の南と北で、ここで語られているような違いが見られることは、社会学的に見て興味深い。現状がどうなっているか定かではないが、その当時のわが町では、子どもたちの学力の「南北格差」が取り沙汰されることがあった。私の母校は「学力がきわめて低いので、先生たちが赴任したがらない」といううわさ話なども流れてきた。右の学生の言葉が真実であるならば、点数にあらわれる学力に格差が生じないはずがない。なぜならば、北部の学校には、先生の意をくんで、授業やその他の活動に積極的に取り組むレディネスをもった子どもがたくさんいるに違いないのに対して、南部の学校、すなわち私の母校には、そうしたタイプの子はそう多くないと考えられるからである。

ではなぜ、そうした子どものタイプの違いが生まれるのであろうか。「階層ごとに価値観や子育てが違うからだ」というのが簡潔な答えであるが、この点に関わって教育社会学はより精緻な分析を行い、いくつもの理論をつくってきた。本章では、「文化的再生産論」と呼ばれる理論的な流れのなかから、家庭の役割にふれた二つの代表的な議論を取り上げ、それにもとづいて、学力の基礎を育てるための家庭のあり方について検討を加えていきたい。

2　欧米の研究から——バーンステインとブルデュー

バーンステインの「言語コード論」

まず取り上げたいのは、イギリスの教育社会学者B・バーンステインの「言語コード論」である(バーンステイン『言語社会化論』明治図書、一九八一年)。数年前に亡くなったバーンステインは、イギリスを代表する教育社会学者で、彼の「言語コード論」は数ある教育社会学理論のなかでも、最も知られたもののひとつとなっている。

バーンステインのそもそもの問題関心は、「なぜ労働者階級の子どもたちは、学校で成功しにくい(失敗しやすい)のだろう」という点にあった。ここで言う成功・失敗とは、「よい学業成績をおさめることができるか・できないか」ということである。彼が注目したのは、子どもたちの言語使用であった。そして、いくつかの実証研究を積み重ねたうえで、彼が導き出したのが「言語コード」という考え方であった。

言語コードとは、「話し言葉の表出を規制する原理」と説明される。かみくだいて言えば、「人がどのように話すかを決めている(目には見えない)ルール」といったもののことである。ここで言うルールとは、日本語と英語の違いや東京弁と関西弁の違いを生み出すものとは、水準が異なるものである。日本語なら日本語のなかに、関西弁なら関西弁のなかに、次に述べる二つの言語コードの存在が認められると、バーンステインは論を進める。その二つとは、「精密コード」と「限定コード」である。

精密コードとは、たとえばラジオやテレビのニュース番組のアナウンサーが話す言葉に典型的に表れると考えてもらえばよい。ニュース原稿には、いわゆる5W1Hがはっきり書き込まれており、それを聞くだけで、どこで何が起こったかが聞き手にはっきりと伝わるようになっている。精密コードとは、そのようなていねいで説明的な物言いを生み出すものである。

一方、限定コードとは、お互いによく見知った者同士が交わす会話を思い浮かべていただければよいだろう。つきあいが長ければ、すべてを言葉で表現する必要はない。これを極限まで進めると、「メシ、フロ、寝る」や「あうんの呼吸」といった言葉で表現される世界にまで行き着くだろう。限定コードとは、文脈を共有する度合いが高い人間関係のなかで発せられる言葉を生み出すものである。

両者の特徴を私なりの言葉で整理すると、**表3-1**のようになる。

表3-1　2つの言語コードの対比

精密コード		限定コード
長い	⟷	短い
語彙が豊富	⟷	語彙が限定的
構文が複雑	⟷	構文が単純
代名詞が少ない	⟷	代名詞が多い
論理的	⟷	情緒的
文脈独立的	⟷	文脈依存的

次の問題は、では、誰がどちらのコードを使って話をするのかということになる。それについてのバーンステインの答えは簡潔明瞭である。主として精密コードを使うのが「中産階級」であり、片や主として限定コードを用いるのが「労働者階級」である、と。中産階級またはミドルクラスとは、いわゆるホワイトカラー層と考えていただいてよい。他方の、労働者階級あるいはワーキングクラスとは、いわゆるブルーカラー層のことである。バーンステインは、いくつかの調査研究の結果にもとづいて、このような主張を行った。

ただし、この主張を、「精密コード＝ミドルクラス、限定コード＝ワーキングクラス」と、あまり単純に図式化して考えてもらっては困る。なぜならば、この対応関係はあくまでも統計的な関連の強さにもとづくものであり、精密コードが不得意なミドルクラス（以下「MC」）に属する人もいれば、逆に精密コードを自在に操れるワーキングクラス（以下「WC」）の人々もいるにちがいないからである。

また、改めて考えてみるならば、誰もが日常生活のなかで、家族や友人といった身近な人々と限定コードで話す場面をもつはずである。すなわち、すべての人は多かれ少なかれ限定コードのお世話になっているはずである。一方で、精密コードとなると話が異なってくる。ＭＣの人々の多くは、日常生活のなかでそれに慣れ親しんでいるが、ＷＣの人々の場合は、それを使う機会があまり多くないために、習熟していないケースが多数にのぼるというわけである。この関係を図示すると、**図3-1**のようになるだろう。

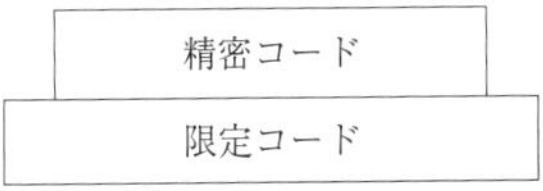

図3-1　2つの言語コードの関係

こうした言語使用のパターンと学業達成との関係は、次のように説明される。すなわち、文化伝達の機関である学校では、授業を中心とするほとんどのコミュニケーションが精密コードでなされるため、それに習熟しているＭＣの子どもたちは成功しやすく、逆に習熟していないＷＣの子どもたちは成功しにくくなる。端的に言うならば、母親の話す言葉と先生の話す言葉とが近いＭＣの子どもたちはスッと自然に学校生活に入っていけるのに対して、その両者にギャップが生じやすいＷＣの子どもたちは、学校不適応・学力不振に陥りやすいというわけである。

言語コードと家族類型

ここでひとつ大きな疑問が生じる。なぜ、MCの子は精密コードを身につけやすいのに対して、WCの子はそれを身につけにくいのであろうか。バーンステインは、そこに「家族のコミュニケーションパターン」という要因をもってくる。すなわち、「階級的背景→家族のコミュニケーション→言語コード」という因果関係によって、その現象を説明しようとするのである。

ここで設定されるのは、「地位家族」と「個性志向家族」という二つの家族類型である。前者の「地位家族」とは、家族メンバーの地位と役割構造がはっきりとしている家族である。「かみなりおやじ」と「肝っ玉かあさん」がいるような伝統的なタイプの家が、それに相当する。こうしたタイプの家庭では、地位と役割が明確であるため、コミュニケーションをとる際に言葉に頼る度合いが比較的低くなると考えられる。たとえば、子育ての局面でも、「子どもは九時には寝なさい」「男は泣くな!」といった短い言葉で、有無を言わさない形で「しつけ」が行われていく。

片や「個性志向家族」とは、メンバーの個性が大切にされ、はっきりとした地位・役割構造が存在していない家族である。今日の主流であろうが、「友だち家族」と呼ばれるような家族が、それに相当する。こうしたタイプの家庭では、言葉によるコミュニケーションの果たす役割が大きくなる。子育ての局面においても、頭ごなしに叱ったり、紋切り型の「しつけ」をするのではなく、子どもの意思や考えを重視した、説得・納得を旨とするような言語的コミュニケーションが図られる。「それはいけません！」とはならず、「なぜそのようなことをしたのか、まず説明しなさい」から始まるわけである。

推測されるように、バーンステインは、MCにはこの「個性志向家族」が多く、WCには「地位家族」が多いと指摘する。その結果、左に示したような全体的な要因関連が浮かび上がってくるのである。

中産階級	⋈	個性志向家族	⋈	精密コード
労働者階級		地位家族		限定コード

この理論が打ちだされたのは、今からほぼ四〇年も前のイギリスのことであり、私たちが生きる世界とは、時代も国も異なっている。MCとWCという分け方自体、今の日本社会をみるうえで適当ではないかもしれない。しかしながら、改めて振り返ってみても、ここで概略を示

したバーンステインの図式は、いまだに色あせないものをもっていると私は考えている。

たとえば小学校一年生の教室には、何でも先生の言うことをよくわきまえ、行儀よく利発にふるまえる子がいる一方で、いつも落ち着かず、先生の指示が入りにくい子がいる。クラスで喧嘩やトラブルがあったときに、あったことを筋道立てて説明できる子がいる一方で、言葉にならず、感情の赴くままの言動に走ってしまいがちの子がいる。バーンステインの「言語コード論」は、そうした現象の底流にあるものを析出しようとするものであった。家庭の階層的基盤が家族のコミュニケーションのあり方に異なる影響を与えることを通じて、子どもたちの間で種類の異なる二つの言語コードを育む。そのうちのひとつ「精密コード」を身につけた子どもが学校で成功をおさめやすいというその主張は、今日の日本の学校をみても一定の妥当性を有しているように思われる。

ブルデューの「文化資本論」

次にもうひとつの理論、フランスの社会学者P・ブルデューの「文化資本論」を見てみることにしよう(ブルデュー&パスロン『再生産』藤原書店、一九九一年)。

ブルデューも数年前に亡くなってしまったが、彼の残した膨大な著作群は、現代の社会学理論の展開に大きなインパクトを与えている。ここで検討する「文化資本論」は、彼の議論のなかでもとりわけよく知られたものである。

ブルデューが扱ったのは、バーンステインが対象にしたのと同時代(一九六〇年代—七〇年代初頭)のフランス社会である。彼の関心は、「社会の階級構造の再生産に、学校システムがどのような貢献をなしているか」ということにあった。

若き日にアルジェリアで人類学的フィールド調査に携わった経験をもつブルデューは、人々の「再生産戦略」に注目した。ある社会集団およびその中に位置する諸家族は、自らの地位を再生産するためにさまざまな戦略を用いる。その中で、だれと結婚するかという「婚姻戦略」と並んで重要なものが、子どもをどのように育てるかという「教育戦略」である。「孟母三遷の教え」ではないが、各集団・各家庭は、固有の教育戦略をもつ。フランス社会において、どのような集団が高等教育を積極的に利用し、どのような集団がそうしないかという点について、ブルデューは精緻な分析を行った。その結果、次のような議論を展開したのである。

まず、ブルデューは、各集団・各家庭がもつ、再生産に役立てることができるリソースには三種類のものがあるとした。「経済資本」「文化資本」「社会関係資本」の三つが、それである。「経済資本」とは、要するにお金・その他の資産のことである。また、「社会関係資本」とは、人間関係が生みだす力のことであり、コネやネットワークがそれに相当する。そして、「文化資本」とは、各家庭がもつ文化的能力や文化的財が合わさったものであり、ブルデューの議論の中心をなすコンセプトである。

ブルデューによれば、文化資本には、三つの形がありうるという。「客体化された形」「制度化された形」「身体化された形」の三つである。「客体化された」文化資本とは、家庭のなかにある文化的なモノ、具体的には「本」「楽器」「美術・骨董品」などを指す。二番目の「制度化された」文化資本とは、親の「学歴」や各種の「教育資格」を指す。そして三番目の「身体化された」文化資本が、ブルデューの議論のカギをなす部分であり、それは「ハビトゥス」という言葉で表現されている。

この「ハビトゥス」という概念については、若干の解説が必要であろう。ハビトゥスとは、「実践的に習得された、知覚や行動の生成の原理」とか「慣習行動を生み出す諸性向」などといった言葉で説明されている。言い換えるなら、ハビトゥスとは、長期にわたる学習・反復の結果として、ある個人の身体に備わっている「構え」のようなものである。しかし、これだけでは何のことか今ひとつピンと来ないであろう。

例をあげて、説明してみよう。私たちの世代では、男性のほとんどは自然な形でキャッチボールができる。少年時代にしょっちゅう野球をして遊んだからである。しかし、今の大学生年代になると、男子でもキャッチボールが上手にできない学生がたくさんいる。それは彼らが、少年時代にもはや野球をやらなくなったからである。要するに、私たちの世代は子どものころにキャッチボールのハビトゥスを身につけたのに対して、今の世代は身につけていないと考えることができるのである。

さて、ここまで出てきたブルデューの概念を図式的に並べてみると次のようになる。

- 経済資本（お金・資産）
- 文化資本
  - 客体化された形（本・楽器・骨董品）
  - 制度化された形（学歴・教育資格）
  - 身体化された形（ハビトゥス）
- 社会関係資本（コネ・人間関係）

当然のことながら、三つの種類の資本は、各家庭の間に不均等に配分されている。すなわち、お金のある家・ない家とか、文化資本に恵まれた家・恵まれていない家などが、さまざまに存在する。そうした状況のもとで、各家庭は、これらの資本を使いながら、そして随時別の資本に転換しながら、自己を再生産しようとする。たとえば、商売で成功し経済的に成功した家庭が、資金をつぎこんで息子や娘を何とかして「一流」の学校に入れようとするような場合には、その家庭は経済資本を文化資本に転化しようとしていると言うことができるのである。

また、文化資本内部でも、三つの形態は、随時別のものに転化する。たとえば、本に囲まれた家庭の子どもはおのずと本好きになるとか、勉強好きな大卒の母親のもとで育てられた子どもは、しっかりと宿題の習慣を身につけるとか、ということである。

学校文化のもつバイアス

フランスの話に戻ろう。ブルデューが調査を行ったころのフランスでは、専門職階層の子弟の二人に一人以上が大学に進学する一方で、労働者階層ではその比率は一〇〇人に二人以下にとどまっていたそうである。それはひとえに、両階層の再生産戦略が異なり、子ども世代のハビトゥスのありようが違っているからであり、決して彼らの知的能力が異なっているからではないとブルデューは主張する。「大学へ行くのが当然」とする家庭の雰囲気と、「大学などになぜ行くのか?」とする家庭の雰囲気の違い。それは、そもそもの家庭の再生産戦略の違いに由来するのであり、結果として子どもたちの学力や進路選択のあり方に決定的な違いをもたらすのである。

ハビトゥスの働きを考える度に、私は「伝統芸能」の世界のことを思い浮かべる。「能」であっても、「華道」であっても、「落語」でも、何でもよいのだが、それらの世界では「跡目」は相続されるのがならいであり、だいたいにおいて長子が「家元」などにおさまる。そして、その地位を継いだものは、そこそこの年齢を越えるころになると、ほぼ例外なく「ひとかどの人物」となり、その流派の存続に貢献するのである。

なぜそうしたことが可能になるのか。それはひとえに環境の力、ハビトゥスのおかげである。生まれつき「能」や「華道」や「落語」の才能に恵まれた子どもがいるとは、私には到底思えない。幼少期のころから、独特の環境のなかで大きくなる過程で、「家元」になるべく運命づけられた子どもは、それなりのハビトゥスを知らず知らずのうちに身につけていくのだろう。そして、「カエルの子はカエル」となる。

学校は中立的に価値ある文化を伝達しているかの装いをこらしてはいるものの、実は「支配的階層の文化を正統的な文化として被支配層に押しつけているにすぎない」とブルデューは厳しく批判した。たとえば日本の学校では、音楽の時間に西洋のクラシックが教えられているが、それを鑑賞する耳(ハビトゥス)を有した者にはそれでよいが、家でクラシックなど聴いたことがない者にとっては、それは退屈で苦痛な時間となるかもしれない。その時その子どもは、「いい音楽の値打ちがわからない人間」として断罪されてしまいがちなのである。他方で、クラシックになじみをもち、ピアノやバイオリンが弾ける子は、その授業において有利な位置に立つことができる。ブルデューは、学校文化というものは、そうした「バイアス」を常に内包していると喝破したのである。

このあたりで、話を日本の現状に戻そう。バーンステインやブルデューのメガネをかけると、日本の現実はどのように見えてくるだろうか。子どもたちの学力の基礎を家庭で身につけさせるためには、どのような働きかけが有効だと言えるだろうか。

3 家庭でできる働きかけ

家庭の役割の大きさ

第1章で「学力の樹」の考え方を述べた。第2章では、学力の階層間格差が拡大しつつある現状を指摘した。ここに、本章で紹介したバーンステインとブルデューの議論を付け加えれば、次のように言うことができるだろう。すなわち、「今日の日本社会では、階層間で家庭の教育的環境に著しい格差が生じはじめているために、子どもたちの言語的能力や学習にかかわるハビトゥスの格差が増大し、結果として子どもたちの学力の樹の生育具合に大きな影響を与えている」と。

私の実感では、子どもたちの学力のあり方に対する家庭の影響は圧倒的である。学力の樹の根っこを育んでいく最初の場が家庭だからである。したがって、子どもたちに豊かでたしかな学力を身につけさせたいと願うなら、まずは家庭の教育環境を点検しなければならない。それが、子どもたちの学習活動を促進し、着実な学習態度を育成するような環境になっているのかどうかということを。

その際に強調しておきたいのは、言語コードにせよ、学習にかかわるハビトゥス(以下、「学習ハビトゥス」とする)にせよ、それは意図的な働きかけを通じてというよりも、ある環境のなかで子どもが「自ずと」学びとっていくという性格がより強いもの、ということである。伝統芸能の世界に戻るなら、子どもが一流の人物になっていくのは、師匠である親が「やれ！　なれ！」と言うからでは決してない。家のなかや周囲の環境全体が彼や彼女を跡取りにしようという形になっており、そのなかで本人が時間をかけて必要な能力や意志を育んでいくからである。子どもは、親が「言ったように」ではなく、「したよう」になっていくものである。

私は、学力形成についても、基本的に同じことが言えると思う。親が、「勉強しなさい」と繰り返すだけでは絶対にダメである。それは、子どもの反発心を招いて、かえって逆効果になることの方が多いだろう。第一に、子どもが家で勉強できるような環境をつくっておかなければならない。たとえば、家に帰ったら一日中テレビがついているような家庭では、子どもは落ち着いて宿題などできるわけがない。一日一時間は机につく、その間はテレビを消しておくといった環境づくりを、親は心がけなければならない。

第二に、親が自分の勉強する姿を子どもに見せるというのも効果的だろう。本を読むことでもよいし、趣味に打ち込むことでもいい。「お父さん・お母さんは、一生懸命やっている！」という感覚を子どもに持たせることが重要である。プロローグでふれたように、私自身が、祖母や父から学んだことがまさにそれであった。そうした周囲の大人の姿を見、それを真似ようとする過程を通じて、子どもたちは学習ハビトゥスを自分の体のなかに形成していくのである。

第三に、親が子どもと「一緒に勉強する」という機会をつくることができれば、よりよいであろう。そんなことは忙しくてなかなかできないという家庭も多いだろうが、たとえば学校の宿題を一緒にすることなどは比較的簡単に実行できる。中学生になるとさすがにむずかしいだろうが、小学校の三・四年ぐらいまでであれば十分実行可能である。親と一緒に勉強をして楽しくない子どもなど、どこにもいない。子どもの勉強を一緒に見てやり、ともに喜んだり楽しんだりすることができる親の存在は、子どもの、学習に対する動機づけを大いに高め、学力形成に対する積極的なインパクトを与えることができるだろう。

「学習ハビトゥス」の形成期

人間は、乳幼児期の間に、他者に対する「基本的信頼感」を形成するという。「三つ子の魂、百まで」ということわざがあるように、人生の最初の時期に十分な「基本的信頼感」を身につけることができた人は、その後安定したパーソナリティや人生に対する楽観的で積極的な姿勢をもちやすいという。他方、その時期に十分な「基本的信頼感」を形成することができなかった人は、その後の人生においても対人関係で苦労することが多くなる。適切な時期に、適切な発達課題をクリアしておく必要があるというわけである。

また、話が変わるが、私はサッカーが大好きで、これまで小学生の指導にも携わってきた。そこで今日言われているのは、サッカーの基礎的技術を習得するのに最も適した年代が小学校高学年であるということである。日本サッカー協会のテキストには、「九—一二歳はゴールデンエイジと呼ばれ、少ない練習でキックやトラップといった基礎技術を的確に身につけることができるので、その段階に集中的に技術的トレーニングをすることがのぞましい」といった趣旨のことが書かれている。その通りである。この年代の子どもは、スポンジが水を吸収するような勢いで、新しい技術を身につけていく。

確たる証拠は提示できないが、私の感じでは、学力の基礎を形成するポイントは、ちょうどその間の時期にあたる三―六、七歳ぐらいにあるのではないかと思う。その時期に、学力形成の基礎ができる。教育社会学的に言うなら、「精密コード」が獲得され、「学習ハビトゥス」が身体化される。言い換えれば、学力の樹の根が土壌に根づき、水や養分をしっかりと吸収しはじめるのである。

そのためには、何をすればよいか。先ほどは学習ハビトゥスをいかに形成するかということを念頭において、「勉強できる環境をつくる」「親が勉強する姿を見せる」「一緒に勉強する」といったアイディアを示した。その他にも、さまざまな要因を指摘することができる。

まず、よく言われることであるが、基本的生活習慣を整えるというポイントがあげられる。「朝ご飯をしっかりと食べれば、学力がグーンとアップする！」というキャッチコピーが流布しているが、私たちの調査からも、そうした主張の正当性はある程度裏づけられる。あまり夜更かしをしない、朝決まった時間に起きる、テレビを見る時間やゲームをする時間を一定範囲内におさめる、宿題をきっちりやる、前の日のうちに翌日の学校の準備をしておく、そして朝ご飯をきっちりととるなど、そうしたことができている子の学力は、できていない子に比べると、明らかに統計的に高くなっている。朝ご飯だけとっていれば事足りるということではない。ポイントはおそらく、生活のさまざまな領域で自分を律することができているかどうかということである。セルフコントロールができる子は、学習ハビトゥスを備えた子でもある。自己規律と学業達成との間には、密接な関係があるのである。

第二に、親子のコミュニケーション、とりわけ言葉のやりとりをできるかぎり密に行うという工夫があげられる。これは、バーンステインの「言語コード論」から直接的に導き出せるアイディアである。テレビ番組や絵本の内容、あるいは幼稚園や学校であったことについての会話を頻繁に持ちたい。話し好きの子に育てるのである。また、子どもを叱るときにも、彼らに「申し開き」の機会を与え、こちらの理由づけを納得させるようにしたい。言語を上手に用いれば、自分の気持ちを的確に伝えることもできるし、相手の行動や意見を適切に理解することもできる、という感覚を子どもがもつようになれば、しめたものである。

第三に、それと関連して、文字・活字との接触の機会を頻繁にもたせることも大切である。

繰り返しになるが、「勉強しなさい、本を読みなさい」とだけ言うのは不十分であり、折りを見て一緒に絵本や本を読んであげたい。学校に上がれば、先に述べたように一緒に宿題をしてやることも有効である。学校は文字文化が支配する場所であり、すべての勉強の基礎に「読み書き」がある。すなわち、すべての学力の基盤に「読み書き能力」がくる。極端に言うなら、「活字を制するものが、学校・学級を制する」のである。こうした観点から、幼い年代からピアノやバレエなどの習い事などに通わせることは、ブルデュー的な文化資本を築くうえでの一助となるかもしれないが、学力形成という点から考えるとやや迂遠な道であると言わねばならない。本好きな子どもに育てることができれば、表現は悪いが、ほとんど「勝負」は決まったようなものである。

ここに列挙したような事柄は、親であれば誰もが試みられることである。私たちの調査では、「文化的階層上位」グループ、「同下位」グループというように、階層なるものをあたかも実体であるかのように捉えたが、ここで述べた事柄を継続的に実践するならば、その家庭はすぐに「下位」から「中位」へ、さらには「中位」から「上位」へと上がることができる。したがって、階層ごとの教育環境の有利・不利は決して固定的なものではなく、人々の意識のもちようひとつで改善可能であるということを、ここでは改めて強調しておきたい。

4　意欲か、習慣か

ハビトゥスとは

これまでの論述からも明らかなように、私は、学力形成の問題にとって決定的に重要なのは「習慣づけ」の問題であると考えている。「ハビトゥス」はもともとラテン語に由来する言葉なのだそうだが、同じ語源をもつ言葉に英語の habit がある。英和辞典を引いてみると、habit には、「(個人の無意識的な)習慣・癖・習癖」(『ジーニアス英和辞典』より)という語義が書かれている。英英辞書には、something that you do regularly, often without thinking about it because you have done it so many times before(『ロングマン現代アメリカ英語辞典』より)という説明がなされている。

要するに、ハビトゥスとは、無意識下の領域までをもふくんだ習慣化された行動を意味するのであり、そのレベルをクリアしてこそたしかな学力の形成が約束されると考えたいのである。象徴的に言うなら、大人に言われて仕方なく宿題をやるというレベルでは不十分なのであって、「宿題をしないと気持ち悪くて寝られない」と感じるような子どもに育てる必要があるということである。

私は、「もともと勉強がきらいだ」という子はいないと考えている。かりにそう主張する子がいるとしたなら、そう思うようにいたった何らかの経験を有しているはずである。もしくは逆に、勉強が楽しいと感じるような体験を、不幸にもそれまでの人生のなかで経験することがなかったからだと思われる。

食べ物でたとえてみよう。ある食べ物を食べたときに極端にまずいと思ったり、食べて調子が悪くなったりしたときに、その食べ物がきらいになることがある。そして、そういう経験が何度か積み重なると、あるジャンルの食べ物（たとえば、野菜とか、肉類とか）を受け付けなくなるかもしれない。逆に、食べずぎらいということもある。食べつけない物を目の前に出されたときに、一部のチャレンジ精神が豊富な人は食べてみようとするが、手をつけない人も多く存在する。「食指が動かない」、つまり食べたいという気持ちが出てこないからである。

「やっぱり日本人はごはんとみそ汁だ！」という人は多い。私自身も、そうである。それはなぜだろう。決して「日本人には遺伝的にごはんとみそ汁が合うから」というわけではない。答えは簡単である。「慣れ親しんだものは、おいしく感じる。体がそうなる」からである。みそ汁を飲んだことのない外国人に、「これは絶対においしい」と無理やり飲ませたときに、「おいしい」と感じる人も無論いるだろうが、かなりの人が顔をしかめて「ノーサンキュー」と言うはずである。逆に、外国の食べ物を食べたとき、私などは何でもおいしいと感じるハビトゥスを有しているのだが、そういう日本人は決して多くない。そもそも食べつけていないものは、おいしく感じにくいからである。

学校の勉強も基本的には同じことである。「学習ハビトゥス」を有している子にとっては、学校の授業は、日本人にとってのごはんやみそ汁のようなものである。しかしながら、そうではない子どもたちにとっては、授業や学校での勉強は、食べ慣れていない異国のまずい食物のようなものである。もちろん、授業で提供される「ごはん」が、上手に調理されているか、乱暴に供されているかの違いはある。大部分の子が「おいしい！」と思うごはん(＝授業)がある一方で、ほとんどの子が「まずい！」と感じるごはん(＝授業)も実際には存在する。この点(学校や授業のあり方)については、章を改めて論じたいと思う。

ポイントは、「宿題をしないと気持ちが悪い」、あるいは「本を読みたくて仕方がない」といった子どもを育てるということである。繰り返しになるが、それを成し遂げるためには、大げさに言うなら、家庭のあり方・親の生き方自体が問われることになるのである。

習慣づけこそが鍵

本章を締めくくるにあたって、学習意欲の問題について、一言ふれておきたい。近年の論調では、「子どもたちの学習意欲の低下こそが最大の問題である」と語られることが多い。「子どもたちの意欲を高める働きかけこそが、教師が考えなければならないポイントである」と主張されることも多い。しかしながら私は、こうした意見には反対である。学力問題の核心は、「子どもたちの意欲をどう高めるか」という「意識」の問題では決してなく、「子どもたちの習慣づけをどう図るか」という「行動」レベルの問題であると考えるからである。

もともと勉強がきらいだという子がいないのと同様に、生まれつき学習意欲が低いという子どももおそらく存在しない。逆に、世の中のすべての事柄に対して意欲をもっている人間というのも考えにくい。「意欲」というものは個人に内在するものなのではなくて、環境との関わりで生じるものである。

また、食べ物の例を出そう。たとえば、目の前に「いなごの佃煮」が出てきたときに、それを食べ慣れた人であれば、「あっ、おいしそうないなごだ。早く食べたい!」と思うだろうが、いなごを食べるものではないと思っている人は、「えっ、気持ち悪い!」とそっぽを向き、決して箸をつけようとはしないだろう。「食習慣」が「食欲」を生むのであり、その習慣をもたない人にとっては、「おいしいいなご」はただの「気持ち悪い虫の死骸」にすぎない。あるいは、むずかしい数学の問題も、それと格闘し、答えにたどりついたときの喜びを知っている中・高校生にとっては意欲の対象となるが、数学が大嫌いになってしまっている中・高校生にとっては、忌避の対象であるにすぎない。

そう考えるなら、重要なのは、「意欲」に直接働きかけることではなく、「習慣」づけを通して新たな「意欲」をかきたてるということになるだろう。食わず嫌いはもったいない。「いなごの佃煮」は重要なタンパク源となる珍味だし、「むずかしい数学の問題」は頭を鍛えるにはちょうどよい課題である。もう一点付け加えれば、「意欲」なるものは、個人のなかからわきあがってくる場合もあるだろうが、多くの場合他者との関わりのなかで育ってくるということである。食べ慣れない食べ物に手をつけるのは、親や仲間がそれをおいしそうに食べるからである。むずかしい問題にチャレンジしようとするのは、先生がほめてくれたり、競い合うライバルが存在したりするからである。

結論的に言うなら、適切な家庭環境のもとで、子どもたちのたしかな学習習慣が形成され、豊富な学習意欲が引きだされ、そして、着実な学力の基礎が築かれる。次章でみる学校の役割は、その基盤の上に成立するものである。

第４章
いかに基礎学力を保障するか
―学校の役割―

1 「効果のある学校」とは

教育における平等・公平

第2章で、学力水準の低下や学力格差の拡大を克服している「がんばっている学校」の存在が明らかになったと述べた。六九頁の**表2-6**を、今一度見返してほしい。階層的にさほど恵まれているとは思えないE小学校の子どもたちの国語・算数の平均点はきわめて高く、点数のバラツキもたいへん小さい。

次の**表4-1**をみていただきたい。これは、「父大卒」「文化的階層」「通塾」という三つの指標に関して子どもたちをグループ分けしたうえで、四つの小学校別に算数の平均点を表してみたものである。表の中のあみのかかった部分が、教育的により不利な環境のもとにあると考えられる子どもたちの集団の得点である。各小学校が彼らの学力をどのくらい下支えすることができているか、という点に着目して数字を見ていただきたい。

これを見ると、どの指標に関しても、E小の数値が群を抜いて高くなっていることがわかる。

表4-1　グループごとの得点（小学校・算数）

（点）

	全体	父大卒		文化的階層			通塾	
		大卒	非大卒	上位	中位	下位	通塾	非通塾
D小	67.0	69.3	65.6	68.9	66.6	56.5	69.3	65.6
E小	80.9	81.3	78.6	82.7	82.3	77.0	85.7	80.1
F小	67.0	77.5	70.8	71.0	72.3	67.2	71.9	66.2
G小	47.0	51.3	47.9	52.1	41.2	51.3	60.8	48.4

たとえば「通塾」の欄をみると、E小の「非通塾」グループが八〇・一点となっているのに対して、同じような階層的背景をもつと考えられるF小の「通塾」グループでは七一・九点となっており、明らかな「逆転現象」が生じている。つまり、E小の塾に通っていない子どもたちの点数は、F小の塾に通っている子どもたちよりも平均で八点ほども高くなっているのである。要するに、「E小では塾に行かなくても大丈夫！」という結果が出ているのである。

E小のような「がんばっている学校」のことを、欧米では「効果のある学校（effective schools）」と呼ぶことがある。「効果のある学校」とは、端的に言うなら、「人種や階層的背景による学力格差を克服している学校」のことである（鍋島祥郎『効果のある学校』解放出版社、二〇〇三年、一七頁）。「二〇〇一年東大関西調査」の分析を進めている間に、私は、E小の教育を「効果のある学校」論の枠組みで解釈することを思い立った。E小は、日本型の「効果のある学校」のひとつのモデルを提供するに違いないと考えたからである。そして、その「成果」の秘密を探るために、一年にわたるフィールド調査を行った。そうしてまとめたのが、『公立小学校の挑戦』である。

二〇〇一年東大関西調査では、E小のほかにも、「効果のある学校」の候補としてU中学校が浮かび上がってきた。U中は、E小と同じ市に所在する、E小の子どもたちが入学してくる中学校である。このU中がどのような結果をおさめたかという点については、E小の結果とともに、拙稿「低学力克服の戦略」(『学力の社会学』所収)に詳細に論じているので、そちらをごらんいただきたい。私は、E小でのフィールド調査がひと段落ついた翌年(二〇〇四年度)に、U中でのフィールド調査に着手した。本章では、これらのフィールド調査で得た素材をもとに、「効果のある学校」としてのE小とU中の教育について検討を加え、子どもたちの学力形成を支える学校の役割について考察してみたい。

両校の紹介に入る前に、今少し「効果のある学校」論がもつ意味についてふれておくことにしよう。「効果のある学校」論あるいは「学校効果」論は、アメリカやイギリスにおいてこの三〇年ほどの間にさまざまな研究が積み重ねられてきた分野であるが、日本ではいまだほとんど知られていない考え方である。

背景にあるのは、教育の平等・公正の原理である。アメリカでは長らく教育の人種的不平等が、またイギリスでは教育の階級・階層的不平等が、教育政策を打ち立てるうえでの重要課題であり続けてきた。すなわち、アメリカでは白人と黒人・ヒスパニック系移民の間での教育達成の不平等を、片やイギリスでは上流・中産階級と労働者階級の間でのそれ(第３章のバーンステインの項でみたような)を縮小・廃絶するために、さまざまな政策的試みがなされてきた経緯があるのである。

「学校教育は人種・階層的要因に由来する教育達成の格差をいかに是正することができるか」。こうした実践的・政策的な問題関心を背景に蓄積されてきたのが、「効果のある学校」論である。このような発想は、これまでの日本にはほとんどなかったと言ってよい。唯一例外としてあげられるのが、西日本を中心に展開されてきた「同和教育」の実践、それにかかわる調査研究や政策立案の試みである。長年の部落差別の結果として存在する生活上の「格差」、それに由来すると思われる被差別部落(＝同和地区)の子どもたちの「荒れ」や「低学力」を学校教育の力でどのように克服していくかということが、「同和教育」のなかで追求されてきたのである。

実は、本章で紹介するＥ小学校やＵ中学校は、まさにそのような文脈のもとで、地域住民や教育行政と手を携えながら地道な努力を積み重ね、一定の成果をあげてきた学校である。こうした「同和教育」の伝統の上に立つ両校の実践を、「効果のある学校」論という、よりユニバーサルな視座から読み解いてみようというのが、本章のテーマとなる。

2 「効果のある学校」の事例1——E小学校

E小学校は、大阪府下に所在する、一三〇年以上の歴史を有する公立小学校である。児童数は五〇〇名あまり、教員数が三〇名ほど。先にふれたように、E小は校区に同和地区をもつ学校である。生活状況がきびしい家も多く、現在では「単親家庭」の比率は二割をこえ、また「就学援助」(経済的な理由から、学用品や給食費等の経費の一部を支給する制度)を受けている家庭の比率は三五%ほどにも達している。同和地区にかぎれば、それらの比率はさらに上昇する。

こうした状況のもとにありながらも、学力面で目覚ましい成果をあげているE小の教育に対する私のフィールド調査の結果は、『公立小学校の挑戦』にまとめてあるので、興味のある方はそちらをご覧いただきたい。ここでは、そこで述べたことのエッセンスを改めて紹介しておくことにする。

「よく聞く」と「よく遊ぶ」

さて私は二〇〇二年の秋に、はじめてＥ小を訪れた。その時の第一印象が、Ｅ小の子たちは「よく遊ぶ」、そして「よく聞く」というものであった。

まず、彼らは、本当に外でよく遊ぶ。それは教師たちが、Ｅ小でことのほか大事にされている「仲間づくり」をおし進めていくうえで、「遊び」を重要な活動と位置づけているからである。Ｅ小には、いろいろな遊び時間がある。朝八時一〇分から始業までの「朝遊び」。毎日の休み時間に組み込まれている「班遊び」と、週に二回の「クラス遊び」。さらには、週二回放課後に設定されている「放課後遊び」。保健室の先生によると、Ｅ小の子どもたちの保健室利用率は、市内でトップだという。すり傷や打ち身といったケガが多いからである。また、外遊びが多いせいで、校舎内の廊下や階段が砂まみれになっていることもしばしばである。教師たちは、できるかぎり子どもたちの遊びにつきあうことによって、彼らの微妙な心身の調子や仲間関係の「あや」を見とり、日々の指導に生かしていく。

第二に、Ｅ小の子どもたちは、非常によく人の話を聞く。どの学年の、どの教室に行っても、子どもたちは教師の言葉にしっかりと耳を傾けている。それだけではなく、クラスメートが発言する時にも、しっかりと聞いている。かりに人が発言するときにおしゃべりしている子がいれば、すかさず周囲から注意の声が飛びもする。また、低学年の教室では、「聞く・話す」のルールの徹底が図られている。「話していいですか」「はい！」「聞いてください」「はい！」などというやりとりが、ひんぱんに聞かれる。また、「○○さんの聞いてほしいという気持ちが届いていない人がいるね」「その座り方、失礼かどうか、考えてね」「手ひざ！　1、2、3、はい集中」「先生の言うことを一回で聞いてください」「失礼な態度はやめましょう。やさしい態度で、聞いてあげてね」といった言葉がけが、随時行われている。そうした丹念な指導を通じて、E小の子どもたちの間には、人の話をしっかりと聞くことは他者を尊重することの第一歩であるという常識が打ち立てられることになる。

基礎学力保障のシステム

いくつかのデータで示したように、E小では、子どもたち全体の基礎学力の水準が高いだけでなく、教育的に不利な家庭環境のもとにあると思われる子どもたちの学力の圧倒的な下支えがなされている。簡単に言うなら、E小では、「落ちこぼれ」が生じることを防ぐ、完璧とも言える仕組みができ上がっているのである。その実体は、どのようなものなのだろうか。

読者の皆さんのなかには耳慣れない言葉だなと思われる方も多いだろうが、関西の教育現場では、「学力保障」とか「進路保障」といった言い方がしばしばなされる。同和教育の領域で発展してきた言葉だが、この「保障」という言葉には「侵されたり、損なわれたりしないよう守る」という意味がある。すなわち、「すべての子どもたちが自分自身の学力を身につけ、進路を選び取っていくプロセスを阻害するすべてのものから、彼らを守っていく」という願いと決意とが、それらの言葉にはこめられていると言ってよい。次の六点にまとめられる、Ｅ小の「システム」の背後にあるのは、そうした哲学であると理解していただきたい。

①わからない時にわからないと言える学習集団づくり

「わからない時にわからないと言える学習集団づくり」というこの見出しの言葉は、Ｅ小の教師たちが、職場の研修会やふだんの会議・打ち合わせ等で常に立ち返るフレーズである。本当に自分が教える教室がそのような形になっているのか、と彼らは自問自答し、相互に批評しあう。残念ながら、今日の日本の多くの教室で、子どもたちはわからないことを隠したり、間違うと恥だと感じたりする姿が見られる。対照的にＥ小の授業においては、そのような感覚は最低限のレベルにまで押しとどめられている。つまり、人のことをバカにしたり、コケにしたりする発言が出てくる余地はほとんどないのである。逆に、教室では「間違う」ことが推奨されている。教師たちは折りにふれ、「間違ってくれたことによって、みんなの勉強が深まる」という言葉がけを子どもたちに行う。そうしてできあがった安心できる教室空間のなかで、子どもたちは自分のペースで、仲間とともに学習を進めることができるのである。

②授業と家庭学習との有機的なリンク

E小には、算数科を中心に「習得学習ノート」というものが存在している。習得学習ノートとは、教師の手作りによる単元別の小冊子である。これは一九九〇年代に、授業と家庭学習をうまく結びつけることができないかという問題意識から生みだされたものであった。それぞれの習得学習ノートは、三つのパート――「みんなでやってみよう」「ひとりでやってみよう」「家でやってみよう」――から成り立っている。まず、授業のはじめに「みんなでやってみよう」の課題に取り組む。次に、個人の力に応じて「ひとりでやってみよう」にチャレンジする。そして、個々の授業の最後にまとめをクラス全体で行ったあと、子どもたちは「家でやってみよう」の課題を家でやってくるのである。そして翌日の授業は、その課題を確認することから始まる。このようなサイクルを作り出すことで、子どもたちは自分たちの学習の「見通し」と「振り返り」の機会を、継続的に持つことができる。

学校と家庭のリンクという点では、毎日の宿題が果たす役割も大きい。Ｅ小は、宿題がたくさん出る学校である。その日に学習した国語・算数のプリント、漢字・計算ドリル、本読み、自由学習などから宿題はなっており、低学年では一時間程度、高学年では一時間半程度の家庭学習が期待されている。そして実際に、ほとんどの子どもたちがその宿題をしっかりとやってくるのである。

③弾力的な指導体制と多様な授業形態

指導体制ということでは、Ｅ小では高学年において大幅な教科担任制がとられている。そもそもＥ小では、個々の担任がクラスの子どもをかかえこむのではなく、学年の教師集団で学年の子どもたち全員を見ていくというスタイルがとられている。高学年における教科担任制もその一環として出てきたもので、そこには各教師の専門性を生かすという意義だけではなく、中学校への橋渡しをスムーズにするという意図がこめられている。

またＥ小では、多くの教科や単元で、少人数授業あるいは分割授業が取り入れられている。そのなかには、「どんどんコース」（発展的な指導）と「じっくりコース」（補充的な指導）に分かれる、いわゆる習熟度別授業が含まれるが、そのコース分けはあくまでも子どもの自己選択に委ねられている。習熟度別指導については、子どもたちの仲間関係に分断状況をもたらすだとか、いわれのない優越感・劣等感を彼らの間に巻き起こすだけだといった否定的な意見が目につくが、私はそうは思わない。というのも、どこに行こうが自分のペースで勉強ができ、個々人のユニークな学習経験が尊重されるE小のような所では、そのようなことはほとんど問題にならないからである。「わからない時にわからないと言える学習集団」が成立すれば、時と場合に応じて習熟度別に分かれて学習することは当たり前のこととなるのである。

④学力実態の綿密な把握

E小では、一九七〇年代から算数の、そして八〇年代からは国語の、基本的な学習内容にしぼりこんだ診断テストが全学年で適宜実施されている。特に算数科の診断テストは綿密で、学年末にはその実施に一週間を要するほどであるという。そして、正答率の分布状況や領域ごとの正答率が過去のデータと比較検討され、その年度の指導内容に反省が加えられ、次年度の指導方針が定められていく。またそれだけではなく、日常的な単元末テストや学期末テストも綿密に行われている。要するに、子どもたちの基礎学力の定着状況が、恒常的にモニターされるわけである。

この過程のなかで、とりわけ大事にされているのが「配慮を要する子」、すなわち学力が低い層に対する働きかけである。すなわち、低学力層については、一人ひとりの子どもの達成状況と課題が明らかにされ、その個別具体的な課題をクリアしていくための、日常的な補充学習や家庭学習のあり方までをふくめたプログラムが組まれるのである。

⑤学習内容の定着をはかる補充学習

どのように丹念に準備された授業でも、どのように綿密な指導を行っても、子どもたちの間に、学力の格差が生じることは避けがたいことである。問題は、生じつつある格差をどのように縮めていくか、顕在化してくるギャップをいかに埋めていくかということである。

たとえば、そのための工夫として「毎日学習」というものがある。これは、給食の配膳の時間を二〇分ほど利用して、その日の学習内容を補充するための時間である。四時間目が終わったあと、学年ごとに空き教室を利用して行われる。子どもたちはあくまでも自主的にやってくることになっており、やってきた子どもは、給食当番を免除され、そこで手のあいている教師とともに算数や国語の補充的な学習を行う。また放課後には、週に二回「放課後学習」がもたれる。これは学年ベースで行われるもので、今やっている学習内容とは離れて、その子が不得意とするところを重点的に補うことが目的となっている。

私は、こうしたE小の基礎学力定着のための取り組みをみるにつけ、子どもたちが何重ものセイフティ・ネットのもとで学校生活を送っているという思いにとらわれる。子どもが置き去りにされない、切り捨てられない教室の雰囲気、学校の風土。そして、それを保障するための献身的な教師たちのチームプレー。数字に表れてくる子どもたちのハイ・パフォーマンスは、こうした学校文化のなかで生み出されているのである。

⑥動機づけをはかる総合学習の推進

基礎学力の保障というポイントに関連して、「タウンワークス」と呼ばれるE小の総合学習の意義についてもひと言ふれておきたい。「タウンワークス」は、一九八〇年代以降推進されてきた同和教育が発展したものとして、E小のカリキュラムのなかに大切に位置づけられている。継承すべき視点としてうたわれているのが、「聞き取り・フィールドワーク等を通して地域の人々との出会いを大切にする」「自分自身を振り返り、重ね、自分との関わりを通して、自分の問題として考える」「集団づくりと結び、子どもの共感・感動を通して子どもと子どもをつなぐ」という三つのポイントである。具体的には、一年「遊びの達人」、二年「校区探検」、三年「福祉ボランティア」、四年「仕事」、五年「共生と自分史」、六年「進路・夢体験」という学年テーマのもとに、各学期に二—三週間のタウンワークス期間が設定され、さまざまな参加体験型学習のプログラムが組まれる。

E小では、このタウンワークスの時間は、子ども一人ひとりが周囲の人々との関わりのなかで自分自身を見つめ直し、これからの生き方や将来の夢との関係から学ぶことの意味を問い返すための機会を提供するもの、と位置づけられている。端的に言うならば、それは、学習への動機づけを高める契機として存在しているのである。これはとりわけ低学力層にとって意義深いことであろう。

集団づくりの考え方

E小に通うようになってほどなく、私はあることに気がついた。それは、E小の教科学習や総合学習の展開を支えている基盤に、あるものが存在するということであった。そのあるものとは、E小のなかで「集団づくり」や「仲間づくり」と呼ばれているものである。すでに、「わからない時にわからないと言える学習集団」というスローガンがあると述べた。また冒頭には、E小の子どもたちは非常に「聞く態度」が優れているということも指摘した。それらはいずれも、この「集団づくり」というテーマに関わってくる事柄である。

E小の教師たちに共通する、行動面での際立った特徴がある。それは、「よく怒る」ということである。誤解していただきたくないのは、E小の教師たちは、子どもたちをよくほめもするということである。そのうえで、彼らはよく子どもを怒る。たとえば、私がフィールド調査を始めた初期に次のようなことがあった。

低学年のクラスで一日を過ごしていたとき、私の気を引こうと、休み時間に色鉛筆で私をつついてきた男子がいた。私は、彼なりの愛情表現なのだろうとさして気にも留めなかったのだが、それを知った担任の先生は、次の授業が始まる前に、みんなの前でこう詰問した。「○○さん、志水先生を色鉛筆でつついたんやね。なんでそんなことしたの?」。やや間をおいて、「遊んでほしかったから……」と小さな声で答える彼。「一緒に遊んでほしかったら、はっきり口に出して言おうね。鉛筆でつつくのは、自分の気持ちを表すよい方法じゃないよ」。先生が厳しくさとす。「悪いと思ったら、志水先生に謝ってきなさい!」。前方の席から、教室の後ろに座っている私の方に歩んできて、「ごめんなさい」と泣き顔になっている彼。この間、数分が経過した。そして、何事もなかったかのように、授業がスタートした。

こうしたE小の教師たちの「怒る指導」は徹底している。どんなときに教師は怒るのか。それはいたって明確である。「ある子どもが他の子を、意図的・無意図的にかかわらず、身体的あるいは精神的に傷つけようとしたとき」に、教師たちは烈火のごとく怒る。ベテラン教師でも、若手でも、男でも、女でも、Ｅ小の教師はともかくよく怒る。ある新任教員は、私につぶやいた。「私はまだまだ先輩のように、子どもを怒れないんです……」。また、あるベテラン教師は、私に教えてくれた。「「叱る」ではなく、うちでは「怒る」んです。子どもと同じ目線に立ち、私は心から怒ってるんやでと、子どもに迫ります」。そうすることで、子どもは何がよいことか、何が悪いことかを学んでいくことができる。Ｅ小の子どもたちの聞く態度は、低学年からのこうした指導の積み重ねによるものなのである。

Ｅ小の「集団づくり」については出版物が出ているので、関心のある方はそちらもごらんいただきたい（中野陸夫ほか監修『私たちがめざす集団づくり』解放出版社、二〇〇二年）。そこには、集団づくりの第一のポイントとして「子どものよさを見つめる」こと、そして第二のポイントとして「集団を読む」ことがあげられている。

第一のポイントに関して重要なことは、「よさの見えにくい子こそ、学級集団の中心に据えることが必要である」という考え方である。「よさの見えにくい子」とは、「幼い頃に、自分の家族などのごく身近な大人との関わりで人間不信に陥ってしまった子」らに見られるような、相手の気持ちを値踏みしたり、教師の弱点をついてきたりするタイプの子どもである。E小にはそうしたタイプの子が、「層として」存在すると教師たちは見ている。「彼らを中心に据えて、どのように学級集団をつくっていくか」、教師たちの真価が問われるところである。

第二のポイントの「集団を読む」に関しては、「集団のなかの矛盾」や「ゆがんだ関係」といったキーワードが存在する。「集団のなかの矛盾」とは、学級集団が個々の子どもの利害だけを原動力にして動く無秩序な状態が顕在化していく様子を表している。また、「ゆがんだ関係」というのは、腕力が強いとか、他の子がうらやましがるようなものを持っているといった、目に見える力を利用して、ある特定の子が不当に「わがまま」を通すといった子ども同士の人間関係を指す。そうした関係が学級を支配するようになると、「まじめな子ども」や「厳しい環境のなかで一生懸命にやっている子」や「不器用でおとなしいタイプの子」などが、教室の片隅に追いやられることになってしまう。

そこで、教師の「集団を読む目」が必要となってくる。「集団を読む」とは、「その学級の子どもたちの人間関係の全体像を客観的に明らかにする」ことである。そしてそれがつかめたら、解決に向けての話し合いを企画し、「ゆがんだ関係」を「豊かな人間関係」に切り替えていく努力をする。「学級集団の質を高める」とは、こうしたプロセスを経たうえで、子どもたちの

「自然発生的なつながり」を、「一人ひとりのよさをもった個々の子どもが、信頼の糸でつながれた状態」にもっていくことであると位置づけられている。その目標を達成するために、教師たちは日夜、学級集団づくりに取り組むのである。

次の言葉は、E小に転任してきたある教師のものである。

「やっぱりE小に来たときに、先生方の動きであるとかこだわりも含めて、全然違うなっていうのを感じさせてもらって。学級会に参加させてもらったんですけど、そのとき子どもが皆の前で家の生活のことであるとか、友達に対する思いとか、涙ながらに語ってる場面がすごく衝撃的やって。今までの僕たちの経験での学級会いうたら、臨海学校に向けてこんなんやりますっていうイベント的なものしか記憶になかったんですけど。そうやって、ほんとに自分の気持ちを語れるような、泣いてる子を支えれるような子どもたちの声かけっていうのが、この学校での学級会。初めて経験して、何やねんここはと。その学級会にいたるまでにその学年の先生が皆集まって、こいつ今こんなんやって、一人の子どものことですごく論議を重ねてるっていうのが、へえって、理由を言葉で表せないくらい衝撃やってね」

E小の校区内に住んでいる、ある学校の校長先生が、私に次のように話してくれたことがある。「E小の子どもたちは、やっぱりすごいと思う。彼らは、下校途中や公園で遊んでいるときに揉めることがあるけど、そういうときに必ず話し合いがはじまるんや！」。こうした「自治」の力は、小学校のなかでの「集団づくり」の過程と決して無縁ではあるまい。

教師集団のチームワーク

E小では、四月当初に一泊の合宿研修を行う伝統がある。印象的なのは、一日のプログラムが終わったのちの、車座になっての飲み会である。いくつかのグループに分かれて行われるが、その席のメインイベントは、一人ひとりの教員の「決意表明」である。これまでの教職歴を述べ、抱負を語る転任してきた教師たち、前年度の振り返りのうえに今年の目標を切り出す中堅教師、戸惑いながらも初々しく初心を語る新任教師、そして場をあたたかくリードしながら、同僚の言葉に瞳をうるませる先輩格の教師たち……。

E小の教師集団の第一の、そして最大の特徴は、「組織で動く、チームワークで動く」というものである。「E小にはスーパースターはいらない」とか、「スタンドプレーは許されない」といった言葉もよく聞かれる。ある中堅教師は、前任校と比べた場合の教師集団の特徴について、次のように述べる。

「前の学校で、子どものことを自分ひとりで全部抱え込むというか。この学校で一番特徴があると思うのは、一人の子どもを学級担任だけが見るのではなく、学年全体、学校全体で育てていこうと、みんなでこの学校を作っていこうとするところです。ですから、同じ子どもを見ていても、こちらからの見方と、違う先生からの見方がある。一人の子どもを複数の目で見ながら、その子のよさは何で、次にどうしていこうかという話ができる。そのなかで自分の見方も変わってくるし、鍛えられてきた面があると思います」

別の教師は、Ｅ小を「一人にさせない、一人で頑張らなくてもいい学校」と形容する。

「むこう（前の学校）では一でやることが、こっちでいったら十の力でそれができる。むこうでは、その子との個のかかわりで何とかしようというところが、ここやったら、子どもの集団をも動かしていけたりとか、学校として親を動かしていけたりとか。そういう力が、ここにはありますね」

また、ある新任教師は、次のような感想を述べてくれた。

「「誰にこだわるのか」っていう点で、すべてが子どもから出発している。「子どもにどうさせるか」じゃなくて、「子どもにこういう力つけてほしい」とか、「こういう現状があるからこうしていこう」とか。そのために、学年の先生方のなかで、全員が同じ気持ちを持ってやっていくための打ち合わせとかがすごく綿密です。悩んでることとか、わからんこととかも、すべて含めて言い合う感じでね。先輩の先生やのに、自分のあかんかったこととかも、私にでも言ってくれはって。悩んでることとかね。だから自分も言える」

いずれの意見にも共通しているのは、E小では教師がチームとして動くことによって、大きな力を発揮しているという自負である。E小の教師たちは、常に他者から情報を引き出し、自分自身の実践をチェックするための素材とする、という身のこなしを有している。教師たちの間には、正当な切磋琢磨があり、真摯な自己批判がある。その一方で、右の新任教師の言葉にもうかがえるように、E小の教師集団のなかにはそうした「厳しさ」だけでなく、何とも言えない「温かさ」が満ちあふれている。E小の教師が子どもを指導する際に「厳しさとやさしさの統一」ということがよく言われるが、これはまさに、先輩教師が後輩教師に接するときの姿勢でもある。教師集団のリーダーとして「同担」(同和教育担当者)をつとめる女性教師は、自らの役割を次のような言葉で語る。

「まあいうたら、教師集団づくりみたいなところですよね。人を活かしていくっていうことですよね。若い先生たちが伸びるためにはどうしていったらいいのかなというのは、自分自身一番悩むところであり、またすごく喜びが一番あるところかなっていうふうには思ってます。同担は、そういう仕事やと思ってます。管理職でもなく、担任をもって子どもに直接かかわってるわけでもないんで。学級で子どもたちの集団をつくっていくように、学校のなかで頑張っている子に本当に光を当ててたみたいに、ほんとに目立たないとこで頑張ってる教師が前に出れるようにはしていきたいな、とは思ってるんです。何年もやってると、失敗するときとか、うまくいかなくてダメになりそうになる先生とかいてるじゃないですか。で、そういうときに話とかを立場上することがあるし、ほっとけない方なんで。そういう先生が次の年にすごく元気になってたりとかすると、すごくうれしいですね」

彼女のなかでは、学級の子どもたちへの「集団づくり」のアプローチと全く同じものが、職員室の教師たちに適用されている。職員室はまさに「教室」なのであり、教師の成長は子どもの成長と同じような、彼女自身の喜びの源泉になっている。

E小は、子どもと教師がともに手を携えて成長していける学びの場である。

3 「効果のある学校」の事例2——U中学校

中学校という場所

二〇〇四年の春、私は、E小を卒業した子どもたちとともに、U中学校の門をくぐった。U中は、生徒数約五五〇名、教員数四〇名足らずの中規模校である。以来一年間にわたって私はU中を頻繁に訪れ、今日の中学校教育のあり方をつぶさに見ることができた。私にとって「公立中学校」は、特別にこだわりのある場所である。というのも、私が研究者として最初に書いた本がそこを舞台とするものだったからである(志水・徳田耕造編『よみがえれ公立中学』有信堂高文社、一九九一年)。その本で描き出そうとしたのが、一九八〇年代後半における中学校文化の諸相であった。まだ「かけだし」だったあの頃に、中学校現場で聞かされた、次のような先生方のセリフは今でも私の胸に焼きついている。

「うちの学校の先生方にはほんまに感謝してます。喧嘩するときもあるけど、腹の底ではわかりあっている。学校を思う赤い血が流れていることがよくわかる。ほんまに私はしあわせもんや」(校長)

「何かで生徒に勝たないと、指導なんてできない。情熱で勝つ、愛情で勝つ、腕力で勝つ、ウデで勝つ……。何でもいい、勝たなイカン」(中堅教員)

「勝負の分かれ目は、「やめとけ」と注意したときに、やめるのか、無視するのか。どろどろしたところに手をつっこんでいかんとダメ。やっぱり、どこまで関わっていけるかやね。そら、しんどいでっせ。そのかわり、ぐぐっと手ごたえがあったときはたまらんね」(同右)

当時私がお世話になった中学校は、兵庫県内の都市部にある公立中学だった。同和地区を校区にもつその中学校は「荒れ」を繰り返していたが、敏腕校長が赴任してきて、学校を大胆に建て直しつつある時期に、たまたまのタイミングで私のフィールド調査が受け入れられたのであった。

「中学校は小学校よりむずかしい」というのが、それ以来の私の印象である。生徒指導しかり、学力向上しかり。小学校ではまだ何とかなりやすいが、中学校では生徒たちが「荒れ」を見せはじめたら、お手上げである。思春期を迎える中学生たちは「自我」をもちはじめ、周囲の環境や大人たちを批判的に見るようになってくる。心は不安定になりやすく、地道に学校での勉強に取り組むことや毎日コツコツ努力を続けることに、不安や疑問を抱きがちになる。そのうえで、現代の日本には、そうした中学生たちの心の迷いや空白につけこむ「誘惑」が数多く存在し、彼らを学校文化から離脱させようと虎視眈々としている。そうしたなかで、中学教師たちは「多勢に無勢のたたかい」を余儀なくされているかの観がある。

この二〇年ほどの間の社会変化と教育改革の大波のもとで、中学校における学習指導や生徒指導や進路指導のあり方には何らかの変化が生じたのだろうか。そうした疑問に対する答えを、私はU中のなかに見出そうとした。

規律・授業・教師生徒関係

久しぶりに中学校現場に戻ったわけだが、四月当初は、小学校文化と中学校文化のギャップに私自身がとまどうことが多かった。U中では、そうしたギャップを少しでも埋めるために、新入生に対する中学校生活へのオリエンテーションを数日間かけて、ていねいに行っていた。

入学直後のある日、一年生の教室では数時間にわたって、「小・中の違い」「中学校のきまり」等についてのガイダンスがなされた。そこで、真新しい制服に身をつつんだ、先月まで小学校ではねまわっていた新入生たちは、中学校文化の洗礼を受けることになる。とりわけ生徒たちの中でどよめきが起こったのは、担任教師が次のように述べたときだった。「中学校では、授業と授業の間に外に遊びに行ってはいけません。休み時間は、次の授業の準備をする時間です。また、他の学年のフロアには、当面行かないでくださいね」。

「遊びを通した集団づくり」をモットーにしたE小からの子どもたちにとって、「休み時間に外では遊ばない」という指示は納得のいかないものだったと思う。また、「他学年のところに行くな」という指示は、「荒れ」を経験した中学校の教師たちには当然のものかもしれないが、ほとんどの子どもたちにとって不可解なものと映っただろう。ともあれ、この期間を通じて新入生たちに導入されるのは、「中学校の規律」である。「授業規律」や「生活規律」などという言葉が、U中では日常的に使われる。おそらく他の中学校でも同様だろう。これらは、小学校ではあまり使われない言葉であるが、中学校文化の土台をなすものではないだろうか。小学校では家族的なあたたかな関係のなかで子どもは生活することができるが、実社会がより近くなる中学校では、それだけでは足りない。U中のある教師は、「家族的なつながりをどっかで切るのが中学校だと思う」と語ってくれたが、中学校では、「きびしさ」や「ドライさ」といった社会の論理を生徒たちに経験させることが必要になってくるのである。

教科担任制・新しい授業科目・五〇分授業・クラブ活動・定期テスト・生徒会……、生徒たちはほどなく、中学校文化を成り立たせているこれらの諸要素になじんでいく。そうしたなかで、中学校における授業はほとんど変わっていない、というのが私の率直な感想であった。先にふれた一九八〇年代後半はもとより、私自身が中学生だった一九七〇年代前半のころと比べても、ほとんど大差のない授業の姿が、そこにあった。もちろん、総合の時間や少人数指導の時間といった、かつてはなかった内容・スタイルをもつ授業もある。しかしながら、中学校の日常を構成する、大部分の「ふつう」の授業は、以前と変わらぬ教え込み・知識伝達型の一斉授業であった。そうした整然と進んでいく授業を、生徒たちはおとなしく受けていた。

しかしながら、いったん授業を離れると、U中生は非常に人なつっこく、フレンドリーである。そして、教師と生徒との人間関係は、きわめて近しいものに形づくられている。U中では、生徒たちがよく職員室に来る。質問や相談に来るだけでなく、ただしゃべりに来たり、休みに来たりということも多い。「同和地区の子を中心とした、しんどい子を真ん中にすえた学級づくり・学校づくり」の伝統をもつU中では、教師と生徒との関係は、一般の中学校に比べるとかなり親密なものになっている。ある教師が自信をもって語っていたように、U中では、教師が生徒をきびしく怒ることはしょっちゅうだが、「切って捨てる」ような趣旨の発言をすることはまずない。また逆に、生徒の誰かが教師の制止を振り切って、傍若無人なふるまいをするという光景に出くわすこともなかった。生徒との信頼関係を築くことで「指導」が通るような状況をつくることは、今も昔も変わらぬ生徒指導の鉄則だと思われるが、U中では、手間ひまをかけてそこのところをクリアしようという努力が傾けられていた。

この点をめぐる、生徒たちの声をいくつか拾っておこう。

「ほかの学校の友だちと話していて、U中はやっぱり、いい先生が多いなあって思う」(二年男子、生徒会長)

「ほかの学校の子と話してたら、先生わざわざ家に来てくれたりとかもないし。やっぱりU中では、先生も自分のことのように真剣に考えてくれるから」(三年女子)

「僕は、先生という職業についてる人、めっちゃ嫌いで。うっとうしくてたまらなかったんですよ。三年になって、初めてN先生に担任持ってもらって、とにかく今までの先生と全然違う！　めっちゃ熱血で。すぐになんかあったら相談ていうか、話してくれて。ほんま、いい先生です」(三年男子)

学力保障の取り組み

U中の学校教育目標の冒頭に掲げられているのが、「学習の基礎・基本の定着」という事項である。そしてE小と同様、U中でも徹底した基礎学力保障の仕組みが整えられている。具体的な項目を列挙すると、以下のようになる。

・「家庭学習の手引き」を改訂し、家庭と学校が協働して家庭学習に対する取り組みを進める。
・「習得学習ノート」を活用し、「授業に結びついた家庭学習」を定着させることによって、自学自習力の育成を図る。
・家庭訪問を軸とした家庭学習の習慣確立に向けた支援を日常的に行う。
・「学習を振り返って」により、学習に対する意欲・関心を引き出す自己評価とアドバイスを全教科・総合学習・選択学習で実施する。
・学力診断テストと生活実態アンケートから生徒一人ひとりの課題を把握し、指導方法の効果測定と工夫改善へつなげる。
・中学校区における小中連携から指導方法の改善と、小中間の学びの継続性を図る取り組みを推進する。
・国数英において少人数授業を展開し、習熟度別指導等の指導方法を工夫改善する。
・放課後補充学習を計画的に実施し、学習内容の確実な習得と定着を図る。
・個に応じた指導を充実させ、基礎基本の確実な習得と発展的学力伸長を図る。
・選択授業の保護者説明会を実施し、保護者の授業参加を呼びかける。

先にみたE小のものと非常に似通った学力向上戦略が採られていることがわかる。両校は歴史的に密接な関係をもちながら発展したわけであるから、これは当然と言えば当然のことである。U中の学力向上の取り組みは、きわめて体系的・組織的に展開されており、とりわけ、家庭訪問・補充学習・その背後にある個別指導を軸とする、低学力層の底上げ策は徹底したものである。かりに小学校ほどに成果があがらないとすれば、それは取り組みの不十分さというよりもむしろ、生徒たちの生活実態や家庭背景のきびしさといった、受け手の側のあり方に主として起因していると考えた方がよいぐらいである。

U中の取り組みのなかで、特に注目されるのは「家庭訪問」であろう。夜に教師が生徒たちの家庭を訪れ、一緒に勉強をするというスタイルは、家庭のなかにまで踏み込む学力向上策として注目に値する。もともと勉強が遅れがちな生徒たちを対象として組み立てられていた学習指導を旨とする家庭訪問であるが、今日では対象はU中生全体に広がり、二週間に一度の「家庭学習の日」という形で制度化されている。勉強が遅れがちな生徒や勉強の仕方がわからない生徒が中心的な対象となるわけであるが、誰をピックアップするかは学年ごとの判断に任されている。また、どの教師がどの生徒の家に行くかということも、学年の判断である。基本的に担任が行くという学年もあれば、一回ずつ別の教師が訪問するという学年もある。この活動を通じて、子どもたちの基礎的な学習スキルや意欲の向上のみならず、親・保護者と教師との信頼関係の構築、ひいては教師たちの「U中教師としての自覚」の涵養《かんよう》が図られる。

このような「すべての子に手厚い」指導の成果が、次の図4-1に如実に示されている。これは、「二〇〇一年東大関西調査」からのもので、「塾に通っていない」層だけを取り出して、数学の得点分布を見てみたものである。太い線が全体の値であるが、これは、明確な「二こぶ」の傾向を示している。次に、波線で示されているのはV中という平均的な学校の曲線であるが、グラフから明らかなように、この学校では二こぶのうちの下のこぶ（三〇点台）の方がずっと大きくなってしまっている。すなわち、塾に行っていない子の多くが、数学で落ちこぼれてしまっているのである。それに対して、U中の曲線は、それらとは明確なコントラストを示す形となっている。すなわちそれは、六〇点台をピークとする「ひとこぶ」の形となっており、低得点層の比率をかなり低く押さえることに成功しているのである。

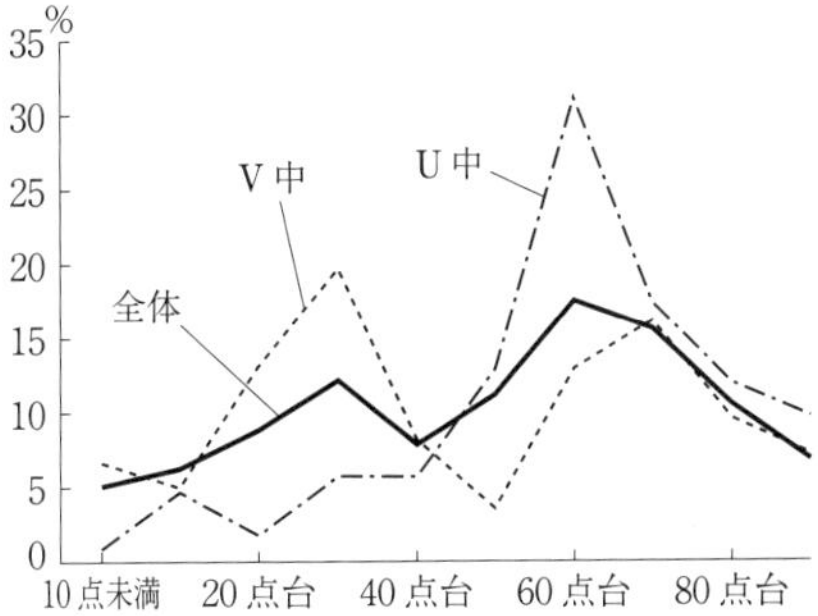

図4-1　中学・数学の得点分布（非通塾グループ）

教師のチーム力・生徒たちのきずな

こうした成果を生み出すことができている秘訣は、やはり教師集団の結束力・チームワークの高さにあると思われる。生徒指導担当の教師の言葉である。

「U中の場合は、伝統的に組織で動いています。これは、他校ではなかなか難しいところやと思うんです。各校の生徒指導担当の先生が集まった場で「動いてくれない」とか「やんちゃな生徒が正門に来てたら、対応していたんが俺一人や」とか、ね。うちはそんなことありませんもん。「すまん。来てくれ」言うたら一〇人くらいどーんと動きますもん。この学校では、個人の力量の問題だけで解決するんじゃなくて、「私の足らん部分はあなた補うてくれ」と。で、「私、これやっとくわ」ていう、そういった役割分担。教師集団が個性を生かしながらやっていこうというスタンスが、学校のすべてシステムの中でありますね。おそらくいろんな価値観持ってきてはる。その中でU中いうのは指示系統がある、組織として対応する。それを忘れたらあかんなあと思います」

「一〇人ぐらいどーんと動きますもん」という印象的な言葉は、決して誇張や偽りではない。それに類した場面に、私自身が何度か出くわした。「荒れ」を経験したことのある中学校では、大なり小なり、そのような動きが必要となってくるということは、現場経験のない私でも推測がつく。ただ、U中の場合は、こうした形容が、生徒指導場面だけに限られるのではなく、授業研究や地域や他の学校との連携といった局面についても同様にあてはまる。それがすごいところである。

U中で実質的なリーダーシップをふるっているのが校長である。U中での長い教職歴をもつ現校長が、教師たちに明確なビジョンを示し、自らが陣頭指揮をとることによって、教師集団の結束力・求心力を強めている。

「公立中学にはさまざまな生徒がいます。一人ひとりに個性があって、表に出てくるものは違っても、人間として尊重され、成長したいと願ってます。教師の方も、一人ひとりに個性があり、関心も力量も違ってます。この当たり前のことが意外に意識されずに、一面的な論議のもとに、学校の方向が決まってきたことも多くあったんと違うかな。だから、今までの中学校には、学校のすべてを担っているように見えるスーパーマン的な教師がいたり、毎年同じ取り組みの繰り返しといった消極的な学校運営になったりしてたんやと思います。今求められてるのは、新しいことにチャレンジしながら、校区の教育課題に総合的にアプローチするような学校のシステムをつくることやと思います。

「すべての生徒を意識した方針か」「教師集団として取り組める方針か」「恒常的に取り組めるシステムをつくっているか」等をつねに点検しながら、新しいシステムをつくっていこうという管理職のビジョンが求められてるんです。これまでの成果を継承しながら、生徒や教師や保護者や地域とともに新しい学校をつくっていこうという意欲が、子どもや教師をエンパワーすると思うんです」

U中の教師たちは忙しく立ち働いているが、そのなかで多くのやりがいを感じ、達成感を得ることができているようである。そうした心理的な報酬は、中学生たちとの日々の関わりのなかから出てきているに違いない。

E小でもそうであったように、U中においても生徒たちの「集団づくり」「仲間づくり」が、徹底的に大切にされている。学級・学校のなかに「居場所」があってこそ生徒たちの目は輝くのであり、仲間との切磋琢磨のなかでこそ彼らの学力や社会性が大きく伸びていくからである。ある教師は、「子どもと子どもをつなぐために、教師が黒子となって汗を流す」という言葉で、U中で大事にされている「集団づくり」の核心部分を表現してくれた。

次は、ある三年の学級担任の言葉である。

「うちの学年の子らはね、学校に来てたら、まわりの子らと関わることができるんですよ。学校に来なくなってくると、やっぱりつながりがどんどん薄くなりますよね。派手な格好で来たりとかするとね、まわりがちょっと引いてしまったりとか。でも、必ずつながっている子はいてるんで。たとえばユリ(仮名)にしても、去年のクラスの女子がきっちり声もかけとったたし。話もできるし。やっぱり、教師と生徒の関係だけでやっている学校はしんどいと思いますわ。うちの学校は、教師と生徒の関係よりも、生徒同士の関係の方がテーマというか、中心になってるので。そういう意味では、ユリなんかは僕の言うことは聞きませんけど、子どもらの言うことやったら聞きますからね。最終的に、卒業式にも来ました。すべての行事について、子どもらが声かけてて、はい」

ふつうの学校であれば、学校に姿を見せなくなるようなタイプの生徒でも、U中では仲間関係のネットワークに包みこまれるために、学校と「つながり」を持ち続けることができる。U中には、ありのままの姿を受け入れてくれる仲間・友だちがいる。そのような「きずな」は、おそらくは自然発生的には生じない。教師たちの信念とチームワークが創り出す、「仲間とつながる」ことを徹底的に大事にするU中の空間が、子どもたちにそのような気持ちを起こさせるのである。

生徒をエンパワーする

「U中を他校の友だちに紹介するなら、どんな学校だと言いますか」と生徒たちに聞いてみた。すると、次のような答えが返ってきた。

「この学校に上がって人権のこととか学んでいくうちに、自分の気持ちが変わっていったり、成長できたなと思ってます。勉強とかも、小学校のときは全然できてなかったんですけど、先生とかまわりの友だちとかに支えてもらって、いろいろ助けてもらってます」(二年女子)

「みんなが言いたいことも言いあえて、温かい心を持っている友達がいっぱいいるところですって」(三年男子)

「総合学習の時間に、人としての思いやりとか、暮らしのこととかを学べる機会がたくさんあるから、すごい自慢できる。できるというか、U中に三年間居れたことをよかった、うれしかったと思うんで。先生もみんな優しくて、でも、怒るときは怒るというか、本当の先生。U中の先生は、一人ひとりが生徒のことを考えて、動いてくれたり、夜遅くでも家に来て話をしてくれたりとか。すごい心配してくれる先生が多いし。友だちも、人間としてのしっかりとした心を持っている人が多い。そういう人間らしさをE小のときから教えてもらってきたけど、U中でもっと濃い内容のことを学んだというか。先生から教えてもらったこともあるけど、自分たちで学んでいくっていう力もつけられる学校だと思う」（三年女子）

彼らの発言に、「優等生」的な匂いを見出そうと思えば、いくらでもできる。このような「模範解答」をできない生徒たちも、U中にはたくさんいるはずである。しかしながら、かりにそうだとしても、今どきの中学生で、このような発言をけれん味なく言える者が、果たしてどれだけいるだろうか。校内に「正義」が貫かれていなければ、こうした発言がなされることはほとんどないであろう。U中の風土が、彼らを間違いなくエンパワーしているのである。

「みんなが言いたいことも言いあえて、温かい心を持っている友だちがいっぱいいるところです」と言った彼は、人一倍やさしいところがあるが、「押し出し」が強く、学習面での遅れも目立つため、他校であれば「問題児」というレッテルを貼られかねないタイプの中学生であった。その彼が、卒業式を控えた時期に、晴れやかな顔で私のインタビューに答えてくれた。そして、数週間後の入試を突破し、みごと全日制の公立高校にすべりこんだのであった。

私がU中を頻繁に訪れていた二〇〇四年度に、ある女子の球技系のクラブが、全国大会で準優勝をするという快挙をなしとげた。顧問をつとめる女性教師は、私に次のように語ってくれた。

「顧問をはじめて三年目くらいからね、少しずつ地域の活動を始めたんです。ただ運動ばっかりやってる子らだけが集まってるっていうのでなくて、地域の活動も参加させるようになってね。土日でも学校で人権やボランティアの活動があるときは、全員でうちの部は参加してたんですよ。特に今の高一、高二の学年の子らのなかには、実際に生活や学力にしんどい課題をかかえているために、やっぱり人権のことを大切にしていきたい、考えていきたいっていう子どもらもいてたんですよ。クラブだけ一生懸命するんじゃなくって、学校や学年のこともしっかり見て、動いていける生徒になっていかなあかんっていうのは、ずっと言ってきたつもりで。だから今の三年生なんかも、やっぱり同じようにそれを受け継いで、学級委員やったり、班長やったり、クラスのなか、学年のなかで、やっぱりリーダーとして動ける存在になってるんですよ。そういう前向きな子たちだからこそ、こうした大きな結果につながったと思います」

この年の主力の何人かが最上級生の三年となった今年（二〇〇五年）の夏、見事そのクラブは、プレッシャーをはねのけて全国制覇を成し遂げることができた。もちろん、U中の歴史はじまって以来のことである。特段体格や体力がすぐれたわけでもなく、どちらかと言えば「小粒」な彼女たちは、そのスポーツをするために集められたのではない、ごくふつうの中学生である。その彼女たちが、悩んだり、泣いたりするなかで、互いのきずなを強め、チーム一丸となって、大きな果実を勝ち取ることができたのであった。

U中には、子どもたちをさまざまな形で励まし、自信をつけさせる仕組みが備わっている。学業、仲間関係、部活動、行事、学級活動……。活躍の場はそれぞれであるが、学校生活を通じてエンパワーされたU中生たちは、それぞれのかけがえのない経験をいだいて、中学校を巣立っていく。今日の日本社会のなかで公立中学校が置かれた厳しい状況を考えるとき、U中が収めている成果は、真に注目に値するもののように思われる。

冒頭の問いに戻るなら、社会が変わり、子どもが変わったと言われるなかで、中学校文化の内実は、それほど変わっているようには思えなかった。大人への階段の途上にある一二―一五歳の子どもたちと真正面から向き合い、人と人とのつながり・信頼感をベースにしながら、子どもたちの「成長の物語」を紡いでいく。U中は、そうした中学校の「不易」の姿を私に示してくれたのであった。

4 「しんどい子に学力をつける七つの法則」――日本版「効果のある学校」

学校の「効果」を高める要因とは

本章で紹介した二つの学校の教育に対して、読者の皆さんは、どのような感想をお持ちになったであろうか。私自身、この二つの学校の存在を知り、その教育の中身にじかにふれることができたのは、望外の喜びであった。教育研究者として今後仕事を続けていくうえで、この経験は大きな財産になると確信している。大阪にこのような公立学校があるということは、私にとっての大きな励みである。そして、公立小・中学校の未来にとっても、その存在は、きわめて貴重なものである。

二〇〇三年の春に大阪に戻ってきてから、私は、大阪の仲間たちと新たな研究プロジェクトに着手した。それが、第2章で一部ふれた「学校効果調査」プロジェクトである。その目的は、ずばりE小・U中以外の「効果のある学校」を発見することにあった。

二〇〇四年二月に実施した学力調査は、小学校二七校、中学校二六校を対象とするものであったが、分析の結果、小学校では四校、中学校では二校が「効果のある学校」として認められた。またこのほかに、国語か算数・数学の一科目のみで効果のある学校も、何校か見出された（大阪市立大学人権問題研究センター『学校効果調査二〇〇四報告書』二〇〇五年）。第2章で見たように、子どもたちの学力の階層間格差はかなり広がっており、その格差をある程度縮小している学校（＝効果のある学校）は、それほど多くは見出されなかったのである。

その後、二〇〇四年の秋から、私たちは「効果のある学校」に対する「質的調査」に着手した。これは、「どのような要因が「効果」を生みだすのに貢献しているか」を明らかにするために計画したもので、私たち研究プロジェクトのメンバー六人が手分けをし、合わせて一一の学校（小五校、中六校）に対して継続的な訪問調査を行ったのである。学校によってばらつきはあるが、おおむね一年間にわたって月に二、三回当該学校を訪問し、授業観察や聞き取り活動に従事した。その際、できるだけ多くの時間を学校で過ごし、できる限りそれぞれの学校の日常的な姿を把握するように心がけた。

私たちは観察結果を持ち寄り、日本の「効果のある学校」に共通する要因を抽出しようと試みた。その結果出てきたのが、以下に述べる七つの項目である。二〇〇五年秋に開かれた日本教育社会学会の席上で、私たちはこの結果を「しんどい子に学力をつける七つの法則」というコンセプトにまとめて報告した。七つの項目とは、以下の通りである。

①子どもを荒れさせない
②子どもをエンパワーする集団づくり
③チーム力を大切にする学校運営
④実践志向の積極的な学校文化
⑤地域と連携する学校づくり
⑥基礎学力定着のためのシステム
⑦リーダーとリーダーシップの存在

それぞれを、簡単に解説しておこう。

①子どもを荒れさせない

対象校のなかには、かつての荒れた状況を克服・改善する過程で取り組みを組織化し、学力向上に向けて校内の教育環境を整備してきたという経緯をもつ学校が少なくなかった。その経験から、「荒れさせない」ということがすべての前提になるという感覚が、教師たちに共有されていた。「荒れ」の兆候に気を配り、「荒れ」を未然に防ぐことに、多大の労力が割かれる。「本当にしんどくなる前にしんどいことをしておく」というスタンスが必要とされるのである。

②子どもをエンパワーする集団づくり

このポイントについては、E小とU中の教育活動に関して縷々《るる》述べてきた通りである。改めて言うなら、「エンパワー」とは、「無力感を感じていた者が自分自身に内なる力を感じるようになる」過程をさす言葉である。「子ども一人ひとりをないがしろにしない」「すべての子に向き合う」といった基本的な姿勢が教職員に共有され、家庭状況や学力が「しんどい」子どもに積極的に働きかけることの必要性が常に意識されていることが重要である。そうした子どもこそ、学校教育によってエンパワーされなければならないからである。

③チーム力を大切にする学校運営

「効果のある学校」においては、教育的成果の多くは、教師一人ひとりの「名人芸」や「個人プレー」ではなく、「教員集団のチームワーク」や「学校の組織力」によってもたらされていた。スーパーマン的な教師が多く集まらなければ成果が上がらない、というわけでは決してない。さまざまな個性と力量をもつ教職員をうまくまとめあげ、チームとしてさまざまな課題に対処する構えを形成していくことが重要なのである。

④実践志向の積極的な学校文化

欧米の学校効果研究では、“can do culture”あるいは“can do better culture”という言葉がよく用いられる。日本風に言うなら、「やればできる」「もっとうまくできる」と考える教師たちの姿勢があるかどうか、ということである。ある課題に対する提案が出たときに、「どうせやってもムダ」「前も失敗した」という消極的意見が支配するような学校組織では、成功はおぼつかない。「この学校は動きが速い」「動くときは、パッと一斉に」といったスタイルをもつ学校にこそ成功は訪れ、そのことが教師たちの「もっとこの学校をよくしたい」という思いを一層強いものにするのである。

⑤地域と連携する学校づくり

このポイントは、次章のメインテーマとなるものである。今回の対象校のほとんどは、地域に開かれた学校づくりを推し進めていた。それらの学校では、第一に家庭学習の支援を積極的に行い、第二に保護者・地域住民の教育活動への参画をうながし、第三に幼保・小中連携のネットワークを構築しようと試みていた。こうした学校・家庭・地域が一体となったネットワークづくりが、学校を取り巻く環境を安定的で活力あるものとし、学力保障の「シナジー」効果を生みだしているように思われた。

⑥基礎学力定着のためのシステム

これについては、本章でくわしく見てきたので、多言は必要ないであろう。学力保障のための校内組織の存在、理念・目標の明確化、多様な学習形態の追求、学力の実態把握と分析の推進などが、システム構築の重要ポイントとなろう。

⑦リーダーとリーダーシップの存在

リーダーシップは、欧米の学校効果研究においても最重要の要素として掲げられている。そこで強調されているのは校長のリーダーシップであるが、日本の学校の場合は、必ずしもリーダー＝校長というわけではない。重要なことは、教務主任や学年代表といったミドルリーダーをふくめ、リーダーが層として存在することである。効果のある学校で発揮されているリーダーシップとは、実際にはそのリーダー層とその他の教師たちとの円滑なコミュニケーションであり、一人ひとりの教師の積極的参加と学校への愛着の促進である。

「七つの法則」と銘打ったものの、このリストはあくまでも暫定的なものである。また、この七つの項目は、「数珠」のように並列的にならんだものと捉えるべきものなのか、あるいは、何らかの体系や構造をもつ「建築物」のようなものと考えた方がよいのかということも、いまだ不明確である。実践的には、手をつけられるところから進めていこうということでよいかもしれないが、「効果のある学校」の全体像を的確に把握するためには、やはりこれらの要因間の関連性をつきつめていく必要があるだろう。日本の「効果のある学校」研究は、ようやく端緒についたばかりである。

5 「効果のある学校」から「力のある学校」へ

学校の「力」

本章をしめくくるにあたって、「力のある学校」という考え方を提示しておきたい。

この数年間、「効果のある学校」論を携えて学校現場と関わってきたのであるが、どうも現場の先生方には、「効果のある学校」というネーミングがしっくりと来ないのでは、という印象をもった。おそらく「数字」や「測定」といったものを連想させる「効果」という言葉の語感が、先生方には冷たく、よそよそしいものに感じられるためだろう。私とて、「目に見えない学力」の重要性は認める。また、学校教育の成果は決して数字で測れるものだけではないとも感じる。しかし、だからと言って、数字に表れる学力を軽んじていいということにはならない。

一方で私は、「効果」を生みだしている「学力向上の取り組み」の秘密を知りたいと思って、E小、そしてU中でのフィールド調査を行った。その結果明らかになったのは、「学力向上プログラムは、決してそれだけの、「単体」として存在しているわけではない」ということであった。言い換えるなら、それらの学校の学力面での成果は、一連の流れをもった教育活動の全体的な動きのなかで、おのずと生みだされていたのである。それらの学校では、スパルタ式のドリル学習で成功していたのではない。子どもたちの「点数」をあげることが至上の教育目標だったわけではない。そうではなく、集団づくり・仲間づくりを基盤とする、トータルな教育的働きかけのなかで、結果として子どもたちの基礎学力水準が引き上げられていたのである。

こうした実体をうまく表現する言葉はないかと思案しているうちに浮かんできたのが、「力のある学校」という言葉である。学校現場では、「力のある教師」や「力のある子ども」といった言い方をよくする。そうであるなら、「力のある学校」と言ってもいいのでは、と考えたわけである。

「力のある教師」というとき、その力が何であるかを簡潔に言い表すことはむずかしい。「指導力がある」ということなのだが、そう言ってみたところで、「指導」の中身や方向性によって、その意味内容は無限の広がりを持ちうる。したがって、「力のある教師」という場合の「力」は、「教師としての総合的な力」としか言いようのないものとなる。「力のある学校」にも、同様のことが言えよう。集団づくり、基礎学力、総合学習、情報教育、人権教育等々と全面展開しているＥ小やＵ中の教育は、「総合力が高い」としか要約できないような多彩な内容と特色を有している。しかもそれが、必ずしも恵まれた家庭環境にはない子どもたちを主たる対象にして行われているのだから、なおさらすばらしい。

概念的に言うなら、すべての「力のある学校」は、おそらく「効果のある学校」であることだろう。しかし、すべての「効果のある学校」が、必ずしも「力のある学校」であるというわけではなかろう。「力のある学校」の一側面を強調した見方が「効果のある学校」である、と考えていただければよいかもしれない。

人をエンパワーする学校

さて、「力のある学校」とは、英語に置き換えるなら、"empowering school"ということになるだろう。すなわち、「子どもたちをエンパワーする学校」が、「力のある学校」である。強調しておきたいことは、学校がエンパワーするのはまず子どもなのだが、同時にそこでは、そこにかかわる大人たちもエンパワーされているに違いないということである。ここでの大人とは、まず教師であり、親であり、そして地域の人々である。子どもが元気になる学校は、教師や親や地域の人々も元気になれる学校である。

では具体的に、「力のある学校」をつくるには、どのようなことを心がければよいのか。E

小やU中の事例を参考にすると、次のようなたとえができるかもしれない。すなわち、「力のある学校」という建物をつくることを考えるのである。

まず、建物を建てるためには、基礎工事をする必要がある。コンクリートパイルを岩盤に打ち込んだり、ベタ基礎と呼ばれるコンクリート板を地中につくったりして、建物が建つ土台を形成する作業がそれである。その「基礎」の上に、建物が建つ。かつては、木の柱やケタや梁で建物の「骨組み」がつくられていたが、今日ではより頑強な建造物をつくるために、鉄筋や鉄骨といった構造物が利用されている。そして、それらの構造物をベースに一階、二階……という居住・生活空間がつくられていく。

このたとえにあてはめると、学校づくりのプロセスは次のように表現できる。

まず、「基礎」を構成するのが、「教師集団のチームワーク」である。「力のある学校」の「基礎」は、ビクともしない盤石の重みと安定感を有している。逆に、教師たちが孤立し、相互の連携がとれない学校があるとすれば、それは、建物の「基礎」自体がぐらついている欠陥住宅であると言ってよいだろう。そのような学校で、効果のある取り組みがなしうるとは到底思えない。

次に、「骨組み」を構成するのが、「集団づくり」の原理である。言葉を換えるなら、子どもたち同士の関係の質である。E小やU中では、檜の木のようにしなやかで、かつ軽量鉄骨のように強靭《きょうじん》な骨組みが備わっているように見える。対照的に、ちょっと押すとバラバラと壊れてしまいそうな接ぎ木的な骨組みは、個人主義的な雰囲気が充満する学校に見られる可能性が高い。また、古いマンションの重たい鉄骨のような融通性に欠く骨組みは、高圧的な管理主義が横行している学校で見つけ出すことができよう。いずれも、「力のある学校」にはほど遠いものである。

どのような種類の建物でも、「一階」部分に相当するのが、「基礎学力の保障」のフロアということができるだろう。およそ学校と名のつくものならば、どの学校でもこのフロアを持たなければならない。そして、「二階」以上の部分に相当するのが、「総合学習」や「情報教育」等に代表されるような、「応用的学習の展開」である。この二階以上の部分については、各校が独自性を発揮して、その学校らしい魅力的なフロアをつくっていけばよいと思う。

「力のある学校」に、決まった形や規格があるわけではない。「力のある学校」の中身は、そこに関わる人々の情熱と創意工夫にかかっているのである。

第5章
「学力の樹」をどう育てるか
― 地域の役割 ―

1 「地域」とは

樹をとりまく環境

子どもたちの「学力の樹」が育つ場というものを考えてみよう。

第1章で、そもそも樹はグループで育つもので、人工的な環境のもとで単独で育てられた樹は弱くなりがちだと指摘した。自然状態の森や林を思い浮かべていただきたい。そこには、さまざまな種類の樹木がひとつの生態系のもとで、バランスを保ちながら生育している。その森や林は、平地に広がっている場合もあるだろうし、急峻な山岳地帯に形成されている場合もあるだろう。また、厳しい寒さのなかでの針葉樹林であることもあれば、赤道直下のジャングルであることもある。

そうした森林を成立させている平地や山岳地帯、あるいは寒冷帯や熱帯といった地理的・気候的要因をもつ「場」自体が、ここで言う「地域」に相当すると考えていただきたい。そして、森林を構成しているさまざまな種類の樹木の一本一本が人であり、その「かたまり」が地域に居住するさまざまなタイプの「家庭」であると考えていただければよいだろう。片や、自然状態の森林に、「学校」の存在を想定することはできない。つまり、もともと学校は存在しなかったのである。

ご存じのように、学校制度は「近代」の産物である。日本の場合は、一三〇年ほどの歴史をもつにすぎない。私自身の祖父母は、初等教育を経験したにすぎなかった。そのひと世代前(私の曾祖父母)は、おそらく一人として正規の学校教育を経験していないだろうと推測される。要するに、世代を四つか五つ遡れば、日本人は(そしておそらく世界中のほとんどの人々が)、学校教育を経由しないで大人になっていたと言うことができるのである。

かつての日本に多く存在しただろう、農村的な「村落共同体」を考えてみよう。ほとんどが農民であるその共同体では、人々の暮らしは、周期的に変化する気候・自然条件のサイクルと農作物の生育サイクルのもとで、安定的に組み立てられていた。そして子どもたちは、大人たちと日常生活を送るなかで、「自然に」大きくなっていった。すなわち、家事や家業の手伝い、農作業やお祭りの共同作業を、見よう見まね、口伝えで行うことによって、彼らはだんだんと上位世代のようにふるまう術と自覚を身につけていったのであった。

そこに、近代的な学校というものが登場する。日本の場合であれば、明治維新が一大転機となった。西洋の列強に追いつくために、明治政府は近代学校教育制度を整備した。そしてそれは、人々の暮らしを大きく変化させた。以来学校制度は、私たちの生活に抜きがたく組み込まれている。今日の社会では、もはや誰ひとりとして、学校教育を経由しないで大人になることなどできない。学校で、文字を媒介とする教育を長期間受け、「学力」と「学歴」を獲得したのちでなければ、人は社会に参加できない。

子育ての共同性を回復するために

それと同時に、社会の近代化は、人々の地理的移動を促し、都鄙《とひ》の格差を生じさせ、都市部への人口・モノ・情報の集中をもたらした。そしてそれは、人々の関係性に大きな変化を引き起こした。村落共同体において、毎日顔を突き合わせて暮らしていた人々の間には、「持ちつ持たれつ」の緊密な人間関係があった。それが現代の都市空間では、同じ地域に在住する人々の間でも、生活を共有する度合いがきわめて低いため、「隣は何をする人ぞ」と、挨拶すら交さない関係(というか、関係のなさ)が支配的になりつつある。

村落共同体的な人間関係は、相互監視のシステムや「村八分」に代表されるような排除の論理を内包するために、「わずらわしさ」や「息苦しさ」の感情を引き起こすこともままあった。

他方、現代的都市空間における人間関係は、そうした「わずらわしさ」や「息苦しさ」とは無縁であり、人々は自由に、自分自身の関心や快適さを気の合った仲間たちとだけで追求することができる。

しかしながら、そうした都市空間のもとでは、育児や教育という局面において重大な問題が浮上してくることになる。それは、子育ての本質、すなわち「子育ての共同性」と言うべきものに関わる問題である。要するに、「子どもは一人で育たないし、また一人では育てられない。みんなで育てるものである」と考えたときに、その課題をどこでクリアすればよいかという問題が生じてくるのである。一九六〇年代から七〇年代にかけて大きく取り沙汰された「地域社会の解体」「地域の教育力の衰退」というテーマは、高度経済成長期を経て実現した豊かな日本社会のなかで、その「子育ての共同性」をどう維持・存続させていくのかという危機感から出てきたものだったと位置づけることができる。

もとより、昔の村落共同体に戻ることなどできるはずもない。二一世紀に入り、グローバリゼーションのただ中にある日本の社会で、かつてのような社会秩序・人間関係を復活させるという「復古主義」的な戦略は成功するわけがない。と言って、人々の孤立化が進行する都市空間のありようを、ただ手をこまねいて見守っているわけにもいかない。そこで出てくるのが

「新たな関係づくり」という視点である。地域社会のなかに、「新たな人間関係のネットワークを構築しよう」「新しい内実を備えたコミュニティを再生しよう」という動きが、各方面で生じ始めている。その際に、中心的な論点のひとつとして浮上しているのが、学校の役割の見直しである。

2　二つのコミュニティ・スクール

「学校選択制」とコミュニティ・スクール

ここで、二つの「コミュニティ・スクール」構想を紹介しておきたい。ひとつは、「学校選択制」と結びついているもの、今ひとつは「校区制」と結びついているものである。大まかに言って、前者は「首都圏発」の議論、後者は「大阪発」の議論であると考えていただいてよいだろう。両者は、使っている用語は似通っているが、その中身は対照的である。すなわち、地域というものをどう捉えるか、その中で学校が果たす役割をどのように考えているかという点で、驚くべきコントラストが見られるのである。この二つの考え方を比べてみることによって、地域と学校との関連のあるべき姿を探ることができよう。

まず、「学校選択制」と結びついた「コミュニティ・スクール」論である。

学校選択制は、一九九八年に三重県紀宝町が町立の小学校に導入したのが最初だと言われている。その後二〇〇〇年に東京都品川区が導入して以来、全国で急速な広がりを見せつつある。二〇〇五年三月に発表された文部科学省の調査結果によると、全国の自治体(二校以上の学校をもつ所)のうち学校選択制を導入しているのは、小学校では八・七％(二二三カ所)、中学校では一一・一％(一六一カ所)にのぼるという。つまり、大ざっぱにいうと、全国の約一割の地方自治体が、何らかの学校選択制を採用しているという結果が出ているのである。東京都ではすでに、二三区中一九区で採用済みであり、多摩地区でも七市が導入している。次いで、埼玉や広島などでも採用している自治体が多い。逆に、北日本や日本海側では導入した所は少なく、また大都市圏ではあっても大阪や兵庫には目立たない(嶺井正也・中川登志男編著『選ばれる学校・選ばれない学校』八月書館、二〇〇五年)。

学校選択制の基本にあるのは、「教育サービス」という発想であり、「受益者(親)は、よりよいサービスを提供する学校を選ぶ権利がある」という考え方である。そこにあるのは、他のモノやサービスと同様に「教育」というものを扱い、「教育を買う」「教育を選ぶ」ことを奨励するスタンスである。そこでは学校は、商店やデパートのように「よりよい商品」を提供すべき場所とみなされる。元来日本は、学校教育における「私学」の果たす役割が非常に大きい国であり、また、塾などの教育産業の規模も、他国と比較にならないほど大きい。要するに、もともと教育にお金をつぎこむ習慣が、私たちにはある。だからと言って、公立学校を私学と同じような原理で動かしていいということにはならない、と私は思う。

さて、コミュニティ・スクールである。いわゆる新自由主義的な教育改革の流れのなかで、以下のような主張が改革の底流を形づくった。次の文章は、社会経済生産性本部が出した報告書(堤清二・橋爪大三郎編『選択・責任・連帯の教育改革』勁草書房、一九九九年)からの引用である。

橋爪　学校を選択するという出来事を通じて、空間的に何丁目から何丁目までとは言えないけれども、学校を核とした人間のネットワークとして新しいコミュニティが再生し得るのではないか。それを親と子どもが学校というチャンスを通じて体得していくということは、日本社会全体にとって、とても大きな意味があると思います。どんな組織にも必ず目的があると思う。その組織が目的をきっちり果たしていくことは、近代社会が機能していくための前提条件です。ただ、それには、その社会の目的が何であって、そのために一人ひとりの当事者は何をすればいいのかということが、お互いの人間関係と独立に、よく認識されている必要がある。（中略）では、どのようにしてそういう行動パターンを私たちが学びうるかということ、学校の役割が大きい。（中略）学校は教育を行なう機関であって、そのために関係者がこういうふうに協力していて、そこではみんなが責任を分担し、そこで間違ったことが起こったらこういうふうに処理されていた。じゃ私は、学校以外の場でも、そういうふうに行動していけばいいんじゃないか。このように学校が、社会を学習するいわば原点になると思うんです。

大澤　学区制にしてしまうと、いままでの日本流の共同体と同じで、いつの間にか出てきた共同体としてしか成り立たない。そういうものではなくて、さっき言ったように選択したコミュニティというものにならなければいけないと思うんです。そのためには学区制で初めから上から線を決めているのではなくて、私は学校を選択したことによってこのコミュニティに参加したんだとか、あるいは別の学校にあえて行くことによってこのコミュニティをいわば拒否したんだとか、そういうことがないとだめだと思ったので、日本の場合は学区制がないほうがいいだろうと思ったんです。（一八三―一八五頁）

橋爪大三郎氏と大澤真幸氏の両氏が言わんとすることは、要するに、「選択にもとづく学校コミュニティづくり」によって、旧来型の人間関係にしばられない、責任感と連帯意識を有した新しい日本人が形成できるのだということになるだろう。そうした発想が具体的な形となったのが、金子郁容氏が提唱する「コミュニティ・スクール」論である。

コミュニティ・スクールとは、自治体が設置し地域コミュニティが自律的に運営する新しいタイプの公立学校で、以下の五つの特徴をもつものである。

① 地域住民が望ましい人を校長として担ぎ出したり、われぞという熱意のある人が校長として名乗りをあげる
② 親や子どもはコミュニティ・スクールについて学校選択ができる
③ 教員人事は学校ごとに決める
④ カリキュラム、教材、クラス編制などについては各学校が決める
⑤ 学校の方針や教育活動の成果については情報が開示され、保護者や地域住民の参加が保証されている第三者機関(＝地域学校協議会)によってモニターされ評価される

コミュニティ・スクールが従来の公立学校システムと大きく違うのは、地域コミュニティが自分たちの学校を作ったり、実質的な運営に参加したりする可能性があるということだ。

（金子郁容『新版コミュニティ・ソリューション』岩波書店、二〇〇二年、二七二―二七三頁）

強者の「コミュニティ」？

この金子氏のプランは、氏が委員をつとめた教育改革国民会議が二〇〇〇年に提出した「最終とりまとめ」に生かされ、文部科学省の政策（「学校運営協議会制度」）に結びついた。その結果、二〇〇二年度から、このコミュニティ・スクールの考え方を実践的に研究するモデル校（初年度は七地域九校）が設置されるにいたっている。

私は、こうした首都圏発のコミュニティ・スクール論には明確に反対である。なぜならば、それが学校選択制のもとで運営される前提となっているからである。大澤氏は「選択したコミュニティというものでなければいけない」と主張する。しかし、それは違う。なぜならば、その議論には、選ばない・選べない人の存在が視野に入ってないからである。何でも選べる・選びたがる「強い個人」は、それでよいかもしれない。しかしながら、みんなと同じ学校に行きたい・近くの学校に通いたいと思っている人々は、「選択したコミュニティ」には参加しないだろうが、彼らの存在はどうでもよいのであろうか。あるいは、櫛の歯が抜けたような、地理的空間としての地域のなかで、適当にやればよいというのであろうか。

金子氏は「地域コミュニティが自分たちの学校をつくったり……」と言う。しかし、それは間違っている。なぜならば、「その学校を選択した人々から成り立つ集団」は、もはや「地域コミュニティ」とは呼べないからである。これは、用語法の初歩的な誤りである。ことによると、氏は、ある教育理念やユニークな校長のもとに集った「同好の士」こそが「地域コミュニティ」の担い手になるべきであり、そうでない人々は、たとえ学校の周辺に住んでいようが、その「コミュニティ」の住民とは認めないとでも言おうとしているのだろうか。もしそうであるなら、私は氏の良識を疑う。

学校選択制の「草分け」と言える品川区では、子どもたちの入学者数に、学校間で大きなばらつきが生じている。そのことが学校現場に大きな混乱や不安や憤りを生みだしていることは、想像に難くない。たとえば、一〇〇人入学する予定であった中学校に三〇人しか新入生が入って来なかったとき、悪いのはその中学校だと言ってよいのだろうか。「よい教育をしていると親御さんが認めないから、こうなってしまうんですよ」と冷たく突き放す教育委員会があったとしたら、それは公教育の終わりである。

櫛の歯をどんどん抜いていくようなシステムのもとでは、子どもたちの学力の樹は決してすくすくとは育っていかないだろうというのが、この点に関する私の結論である。

校区制とコミュニティ・スクール

さて次に、もうひとつのコミュニティ・スクール論についてふれておこう。まずは、次の言葉に耳を傾けていただきたい。第4章でみた、U中学校の校長の言葉である。

「校区の実態を知ること、愛すること。それが公立学校の教師の使命やと思ってます。一校長だけでは絶対に無理ですね。それを組織化するための教育行政の問題もある。地域社会の側の問題もある。

絶対に残さないといけないのは校区です。公立学校が地域から離れて、「よさ」が出てくるはずがないんで。校区の自由化は自殺行為ですわ。弾力化までは許せてもね。それは、私学化を招きます。子どもらは当たり前の集団としてくるんやから。校区の矛盾なんかをかかえながら、その校区を好きやという子どもを育てるのが公立学校の役目やと思います」

非常に歯切れがよい言葉である。「学校は地域に根ざすものである」「それを離れたら、「よさ」が出てくるはずがない」「校区を自由化することは自殺行為である」「自分の住む町を好きだという子どもを育てるのが公立学校の役割である」。氏の主張は明解である。公立学校は、「地域の学校」、すなわち「コミュニティ・スクール」でしかありえない。

単語は同じであっても、その中身は正反対と言ってもよいぐらいに異なっていることが、わかっていただけようか。第4章では紙幅の関係もあり、十分展開することはできなかったが、U中そしてE小では、地域に開かれた学校づくりを永年にわたって推進してきた。そのときの「地域」とは、「中学校区」という具体的な空間的広がりとそこに居住するすべての人々を指す。老いも若きも、男も女も、仕事をもっている人もそうでない人も、地元出身者も流入してきた人々も、同和地区に住む人も地区外の人々も、日本人も外国人も、皆が地域の住民であり、皆がさまざまな形で学校を利用すべきであるとされる。学校は、地域の教育センターであり、誰をも排除すべきではない。

プロローグで私自身の中学校時代について語ったが、そこでの経験は、教育研究者としての現在の私にとってたいへん大きな意味をもっている。そこには、いろいろなバックグラウンドをもつ子どもたちが来ており、さまざまなタイプの教師たちがいた。「社会」というものを、私はそこで初めて体験したと言ってよい。私立や国立の中学校を選んでいたら、そうはいかなかっただろう。「公立学校」のよさは、そこに「さまざまな人間が集う」ということの中にこそある。たまたまある教師に出会う。たまたま同じクラスになった者同士で力を合わせていく。そうした「縁」や「めぐりあわせ」は、思いのほか重要だと私は考えている。住む場所やつきあう人やお金を儲ける仕事など、すべてのものを選べるような社会になってきたからこそ、この「たまたま」を大事にしたい。

ともあれ、首都圏の「コミュニティ・スクール」が「選択した者が連帯する」という結社性を強調しているのに対して、大阪の「コミュニティ・スクール」は「同じ地域に住むもの同士がかかわり合う」という共同体性を前面に押しだしている。関西生まれ、関西育ちであるからだろうか、どう考えても私には、後者の方がしっくりとくる。

3 「教育コミュニティ」の構想

「地縁」を「子縁」でとり戻す

こうした、地元を大事にする大阪の学校のカラーをもとにしながら、理論的な体系化を図ったのが、池田寛氏の「教育コミュニティ」論である。残念ながら池田氏は、病により二〇〇四年冬に冥界に入ってしまわれたが、氏の構想は、大阪府教育委員会の「地域教育協議会」制度の基盤となり、府下一円での「地域に根ざした学校づくり」のバックボーンとなっている。氏の文章を引用しよう。

「教育コミュニティ」とは、学校と地域が協働して子どもの発達や教育のことを考え、具体的な活動を展開していく仕組みや運動のことを指している。

教育コミュニティづくりを進めていくのは、教師、地域住民、保護者、そして行政関係者やNPOの人びとである。これらの人びとが、「ともに頭を寄せ合い子どもたちのことを考え、いっしょに汗を流しながらさまざまな活動に取り組むこと」が教育コミュニティづくりのかたちであり、「ともに集う場」「共通の課題」「力を合わせて取り組む活動」がその基本的要素である。

教育コミュニティの考え方が従来の教育活動や地域活動とちがう点は、学校(ここには幼稚園や保育所も含まれる)が特に重要な場所となるということである。学校という場が協働をつくりだしていく主要な場となるのである。(池田寛『人権教育の未来』解放出版社、二〇〇五年、一一一—一一二頁)

ここに述べられているように、学校で展開されている多様な活動を機縁とし、地域のなかに新たな人間関係のネットワークを形成することによって、「子育ての共同性」を回復していこうというのが、池田氏の描いたシナリオであった。ばらばらになりがちな人と人との関係を、地域社会に住まう子どもたちをどう育てていくのかという共通の課題・目標のもとに結びつけることによって、失われかけている地域の教育力を再構築しようというのである。これは、「地域の子を地域で育てる」という、昔からあった子育ての形を取り戻そうとすることであり、また、かつての「地縁」を「子縁」でよみがえらせようということでもある。

「協働」で生みだすもの

その際に最大のキーワードとなるのが、「協働」（コラボレーション）という言葉である。まず、家庭・学校・地域の「分業」論というものがある。ひと昔前に「学校スリム化」論がはやったとき、よく言われた言い方がこれである。いわく、今日の学校はさまざまなものを取り込みすぎているために身動きがとれなくなっている。学校はその役割の再検討を行い、家庭に返すところは返し、地域に返すところは返して、今よりももっとスリムにならなければならない。基本的にこの考え方は誤りではないが、問題となるのは、教育的役割を返すべき家庭がもはや昔のような家庭ではなく、地域がもはや昔のような地域ではなくなっているということである。安易な分業論は、へたをすると責任のなすりつけあいになってしまう。

次に、分業論の延長線上にある、家庭・学校・地域の「連携」論がある。これはおそらく、一九八〇年代ごろから使われている言葉だと思う。家庭・学校・地域の三者がそれぞれの固有の責任を果たしながらも、互いに反目することなく、必要なところで手を携えて一緒にやっていきましょうという考え方である。これも、それ自体は結構な話である。ただし、現実の話になると、実質的な連携をつくっていくのは思いのほかむずかしい。家庭も学校も地域も、自分たちの活動をまわしていくことに精いっぱいで、なかなか「連携」まで手が回らず、どうしても連携活動は周辺的で部分的なものとなってしまいがちなのである。

そこで、「協働」というキーワードが登場する。先の引用では、協働とは、「ともに頭を寄せ合い子どもたちのことを考え、いっしょに汗を流しながらさまざまな活動に取り組むこと」と述べられている。「連携」が「自分たちがもともとやっていることを変えずに協力関係をもつ」というスタンスに立つのに対して、「協働」においては、「共同作業によって新しい人間関係や教育的活動をつくっていくことを通じて、お互いが変わっていく」という側面が重要視される。すなわち、連携がそれぞれの機関の独立性を前提とするのに対して、協働の考え方では、家庭・学校・地域の相互依存性・相互関連性が強調されるのである(池田寛『学校再生の可能性』大阪大学出版会、二〇〇一年、三四―三五頁)。

大阪では、先にもふれたように、多くの中学校区に地域教育協議会が設置され、中学校区を単位とした教育コミュニティづくりが推進されている。たとえば、第4章でふれたE小やU中が所在するA市では、一九九〇年代後半から、すべての中学校区で「校区フェスタ」が年に一度開催されている。校区フェスタとは、要するに、新しいタイプの「地域のお祭り」である。各中学校区で、学校教師・地域住民・保護者・生徒などからなる実行委員会が組織され、校区の特性に合わせた統一テーマのもとに「お祭り」が組織される。同和教育の伝統をもつU中学校区では「人権」が統一テーマとなっている。また、ニューカマー外国人が増えつつある別の中学校区では、「多文化共生」をテーマとするプログラムが編成されている。その他、「環境」や「福祉」を看板にする所もあり、内容ややり方は校区によって非常に多様である。

当日は、ステージ発表や模擬店が中心となる。巨大な文化祭、あるいは大学の学園祭のようなものと想像していただければよいだろう。秋の一日、数千人ぐらいの人々が参加するのである。文字通り、老若男女がそこに集まってくる。ステージや模擬店に関わっている人々も、小学生からお年寄りまでさまざまである。このような地域の祭りは、今日ではA市だけではなく、大阪府下のいたるところで企画・実施されており、それぞれの地域の教育コミュニティづくりに一役かっている。

教育コミュニティづくりの契機となる協働的活動は、何も「お祭り」だけではない。「サポータークラブ」「おやじの会」などと称される「学校応援団」の活動、地域の人々と子どもたちとが一緒になって展開される環境美化・清掃活動、地域の事業所とタイアップした形で行われる職業体験学習、学校内に設置される「コミュニティ・ルーム」での学習活動、保護者と地域住民が一体となって運営する「子育てネットワーク」の事業、地域住民が講師となってさまざまな体験を提供する「土曜学校」の活動など、協働的活動にはさまざまな形態がありうる。このテーマに関心のある方は、高田一宏氏の著作(『教育コミュニティの創造』明治図書、二〇〇五年)があるので、是非そちらを参照されたい。

今年度から、私は思い立って、勤務する大学にほど近いところにある、ある中学校区の教育コミュニティづくりに、学生・院生たちとともに参画しはじめた。校区内に同和地区をもつこの中学校区では、「教育コミュニティ」という言葉など存在しない一九八〇年代から、関係する教育諸機関(保育所、小学校、中学校、高校、地域の青少年センターなど)が緊密なネットワークをつくり、地域の教育環境の向上につとめてきた。その中心的課題は、同和地区の子どもたちを中心とする校区の子どもたちの「荒れ」と「低学力」であった。二十余年にわたる関係者の地道な努力にもかかわらず、子どもたちの状況は「一進一退」というところである。せっかく進学しても高校を中退する子、一〇代で妊娠・出産・離婚を経験し、親元に戻ってくる子があとを絶たないという。

十分な経済資本・文化資本に恵まれていない家庭がかなりの数を占める地域のなかで、どのように学校教育を組織し、子どもたちの「学力の樹」を集団として伸ばしていくか。先生方やその他の関係者の「苦闘」を間近に見ていて、やはり特効薬やマジックはありえないと感じる。学生・院生たちや私自身の関わりがどのような変化や成果をもたらすか、今のところまだ何も言える段階ではないが、「現場」と「大学」とのささやかな協働を長期的に続けていくなかで何かを生みだすことができればと、私は考えている。

4 経済・文化資本から社会関係資本へ

フィンランドの高い読解力の背景にあるもの

冒頭にふれたように、学校のない時代には、子どもの学力の樹は「自然林」の中の一本としておのずと育っていくという側面が強かった。しかしながら、近代化の進んだ社会は、自然林が育ちにくい社会である。学校のある社会では、子どもは「人工林」の一部として育っていくことを余儀なくされる。しかしその時に、乱伐が進み、環境破壊が著しい荒れた土壌で育つのと、しっかりと手の入った、肥沃でうるおいのある土壌で育つのとでは、天と地ほどの差がある。

ＰＩＳＡ調査で一躍「学力優良国」として有名になった国がフィンランドである。長い間スウェーデンとロシアの支配下で苦しんだ歴史をもつ北欧の小国が、国際学力テストで一位の成績をおさめ、全世界の注目を集めるようになった。今日では多くの国から、政府や教育関係者がフィンランド詣をはじめている。高学力、とりわけ高い読解力の秘訣を探るためである。私も、二、三年前に、短期間だがフィンランドを訪れたことがある。面積はやや日本より小さいサイズで人口はわずか五〇〇万人強。国土の約八割が森林と湖沼というから、要するに、日本の大きめの県といった趣のある国である。

私がフィンランドを訪れたときの最初の印象は、この森と湖が子どもたちのたしかな学力を育んだのではないかというものであった。当時はまだ訪問者は多くなかったと思われるが、ＰＩＳＡ二〇〇〇の読解力テストの好成績の秘密は何ですかと問うた日本人の私たちに対して、ある大学教師はこう答えたものである。「わかりませんねえ……。強いて言えば、長い冬に本を読むしかやることがないからじゃないですか」。この答えは冗談のようで、実は本質をついたものだと思う。フィンランドの自然と風土に培われた「文化」が、高学力の根底にあることに疑いはない。

私は社会学者なので、フィンランドの成功のかげには、先に述べた被支配の歴史に由来する反骨精神、相対的なエスニック・マイノリティ人口の低さ、収入格差の相対的小ささ、「ノキア」に代表される近年の情報産業の躍進といった社会・経済的要因が大きくかかわっていると思う。また、教育学者たちが強調する「平等主義的」な教育政策(選別を廃した総合制中等教育、無償の義務教育、学習者一人ひとりのニーズに応じた教育支援、協働的な学習の推進など)の影響も、当然そこには関係していると見てよい(庄井良信・中嶋博編著『フィンランドに学ぶ教育と学力』明石書店、二〇〇五年)。

しかし、ここであえて強調しておきたいのは、そうしたさまざまな要因とは別に、今日のフィンランドには、「こつこつと勉強することが当たり前である」という文化・伝統が脈々と息づいているのではないかという点である。これは、たった一週間を過ごした私の印象にすぎないわけであるが、それがなければ決して近年の平等主義的な教育政策が功を奏することはなかったろうと思われるし、また、さまざまな社会経済的要因の「追い風」も学力向上の原因とはならなかっただろうと推測される。フィンランドには、学校帰りに公立図書館で本を借り、家で家族と一緒に読むことがごく普通になされていると聞いた。町にはコンビニがあるわけでもなく、ゲームセンターがあるわけでもない。子どもは、おのずと長い時間を家族とともに過ごす。そのような家族とのつながりのなかで、子どもは学び続ける姿勢を身につけていくのだろうと思われる。

今日のフィンランドの子どもたちには、いくつかの幸運が重なった結果として、このうえもなく「肥沃でうるおいのある土壌」が用意されているように、私には感じられる。

学校のもつ文化資本の可能性

話を日本に戻そう。

今日の日本では、新自由主義な考え方が広がり、選択と自己責任をキーワードとするような市場社会化が確実に進行しているように思われる。そこでは、持てる者と持たざる者との格差がどんどんと拡大していき、「勝ち組」と「負け組」とのギャップがますます顕在化していく。ブルデュー流に言うなら、経済資本・文化資本の多寡によって、生活のしやすさや快適さに大きな違いが出てくる社会になりつつあるのである。

そうしたなかで、教育というものの役割を考えるなら、まず教育は、経済資本に働きかけることはできない。それは、所得の再配分や社会保障の領域にかかわる事柄であり、教育にかかわる者にとっては、家庭の間にある経済資本の格差は「所与」のものとして扱えるにすぎない。「豊かな」家の子とそうではない家の子がいるのは、大前提なのである。

次に文化資本であるが、これはまさに学校が伝達することを期待されているものである。必ずしも文化資本に恵まれたわけではない家庭に生まれ育った私が、まがりなりにも大学教員でいられるのは、学校システムによって「引き上げられた」からである。私は、学校教育で多くのものを得ることができた。何人かの教師との出会いは、私の人生にとって決定的な意味をもっていた。しかしながら、そのコインの裏面として、学校教育のメリットを享受することなく社会に出ていった多数の仲間たちがいる。学校で伝達される文化資本は、彼らにとっては意味をなさなかったのである。要するに、学校は文化資本を次世代に伝達できるが、それは決して万能ではない。すなわち、万人がそれを享受できるわけではないのである。

そこで、ブルデューの三つめの要素、「社会関係資本」の登場となる。第3章でふれたように、社会関係資本（「ソーシャル・キャピタル」と表記されることもある）とは「人間関係が生みだす力」である。人々の間に存在する信頼関係やきずな、ネットワークやコネクションが、社会関係資本の実体である。ブルデュー自身は、社会関係資本の考え方をそれほど展開することはなかったわけであるが、他の幾人もの論者が、興味深い議論を展開している。

たとえばアメリカの社会学者パットナムは、イタリアの各州の政治状況を比較検討し、公共政策におけるパフォーマンスが高い地域には数百年におよぶ共和制の歴史があることを見出した。その歴史は、人々の間に「互酬性の規範」(互いに助け合い、協力すべきだという考え方)と「市民的積極参加のネットワーク」を育むことによって、彼らの間に相互信頼の関係を打ち立てているというのである。この相互信頼の関係を、パットナムは「社会関係資本」と呼んだ(ロバート・D・パットナム『哲学する民主主義』NTT出版、二〇〇一年)。

また同じくアメリカの教育社会学者コールマンも、教育の場における社会関係資本の役割について興味深い議論を展開している。パットナムが地域という空間に備わっている社会関係資本を問題としたのに対して、コールマンは、もっとダイレクトに家庭のなかにあるそれ、より具体的には親と子との間にあるそれを問題にした。たとえば、母親が忙しかったり、子どもとの関係がうまくいかなかったりして、子どもの勉強を見てやらないとき、その両者の間には社会関係資本は発生しない。逆に、母親が子どもの勉強を見てやり、子どもがそれに触発されて、さらに一生懸命勉強しようとなったとき、そこには社会関係資本が生じたと考えることができる。子どもたち、とりわけマイノリティの子どもたちの教育を考えると、この社会関係資本が果たす役割がきわめて重要になるというのが、コールマンの結論である。

学力の問題に引きつけると、次のように考えるとわかりやすいだろう。

たとえばここに、10の力をもった教師と10のポテンシャルをもった子どもがいるとする。しかしながら、両者が信頼関係を築くことができず、ギクシャクした関係のまま一年間を過ごすとしたら、そこから出てくるのは、たかだか20(10＋10)ぐらいのものであろう。他方で、たとえ教師の力が5、子どものポテンシャルも5であったとしても、両者の間にかたい信頼のきずなができれば、相互的な教え＝学びの過程を通じて、一年の最後に25(5×5)の成果を生みだすこともできるのである。

経済資本・文化資本のカベは決して低くはないが、そのカベは、社会関係資本を蓄積していくことによって十分に克服可能である。原理的に、社会関係資本は、無限大に増殖することが可能なのだから。第4章で取り上げた「力のある学校」とは、そのような「社会関係資本が高度に蓄積された学校」、すなわち「信頼関係のネットワークが重層的にはりめぐらされた学校」と形容することもできよう。

さらに言うなら、本章で取り上げた教育コミュニティとは、同様に「教育に関わる社会関係資本が豊富に蓄積された地域」と言うことができる。「力のある学校」が成立するためには、その基盤を提供する社会空間としての教育コミュニティの形成が、実は不可欠である。パットナムがイタリアで見たように、そうした地域は長い時間をかけてできあがっていくものである。あせりは禁物である。

エピローグ

― 公立学校の未来を考える ―

イギリスの教育改革から

今年（二〇〇五年）の秋、私は二年ぶりにイギリスを訪れた。研究者仲間と、エスニック・マイノリティの学力を高める政策を調べるためである。ロンドンのテロ事件の直後という時期であったにもかかわらず、イギリス社会は、すこぶる元気がよいように見受けられた。訪問したいくつかの学校でも、先生たちの勢いはよかった。イギリスの国全体が、右肩上がりの調子を維持しているような感じである。

「変われば変わるものだ」というのが、私の個人的な感慨である。というのも、私は、一九九一年から九三年にかけて家族とともにイギリスに住んで、教育改革の大波にもまれる教育現場をつぶさに観察した経験をもつからである（その内容については、以下の文献にまとめてある。志水宏吉『変わりゆくイギリスの学校』東洋館出版社、一九九四年）。学力向上を目的として断行されたマーガレット・サッチャー氏の教育改革によって、現場は大混乱に陥っていた。改革のあり方に嫌気がさして、教職を去っていった者も少なくない。しかし、そのカンフル剤によって、イギリスはある意味で「よみがえった」のだと思う。それ以降、一、二年に一度の割合でイギギリスを訪問しているが、世情の変化は著しい。たとえば、かつてはロンドンの地下鉄に多数たむろしていたホームレスの人々は、今やほとんどいない。暗く、うら寂しい感じがあった地方都市のメインストリートも、今ではにぎわいに満ち満ちている。

近年のイギリスの教育改革の歴史は、三段階に分けて捉えるとわかりやすい。

一九八〇年代までの「low challenge, low support(口も出さないが、金も出さない)」の時代、八〇年代から九〇年代後半にかけての「high challenge, low support(口は出すが、金は出さない)」の時代、そして九〇年代後半以降の「high challenge, high support(口も出すし、金も出す)」の時代である。challenge とは、「政府からの要求」、support とは、同じく「政府からの人的・財政的支援」をさすと考えていただければよいだろう。

八〇年代までのイギリスの教育界は、すこぶるのんびりしたものであった。「パートナーシップの原理」と「平等主義」を基調とするシステムのもとで、教師たちは大きな裁量権をもち、比較的自由に教育活動を組み立てることができていた。第5章でふれた今日のフィンランドのあり方と近いものがそこに存在していたに違いない。政府は「あまり金も出さない代わりに、口も出さない」というスタンスをキープしていたのだが、徐々に大英帝国にかげりが見えはじめる。

一九七九年に政権についた保守党のサッチャー氏は、自国の「斜陽」の中心的な原因を教育のあり方に求めた。そして、大規模な教育改革に着手したのであった。その集大成が、一九八八年教育改革法である。「ナショナル・カリキュラム」と「ナショナル・テスト」の導入によって教育の場を中央集権化し、「学校選択制」と「学校の自律的経営」(人事権と予算権を個々の学校に委譲するやり方)によって市場原理の導入をはかったこの改革は、世界の新自由主義的な教育改革の「先駆け」をなすものであった。そこでは、政府は「口だけ出して、金は出さない」という強硬なスタンスをとった。そして、改革によって出現した「弱肉強食の世界」で、教育関係者は生き残りをかけた闘いを余儀なくされたのだった。

一九九七年に流れが変わる。労働党のトニー・ブレア氏が政権を奪還したのである。氏は、保守党のパフォーマンス重視の基本的路線を踏襲し、かつての労働党政権が掲げた平等主義的教育政策に回帰することはなかったが、いくつかの修正を施した。そのスタンスが、「口も出すし、金も出す」という言葉で表現されるものである。新しい労働党は、「第三の道」という政策理念を標榜している(A・ギデンズ『第三の道』日本経済新聞社、一九九九年)。それは、「結果の平等」を追求するあまりに、人々のやる気をスポイルし、多大な財政負担を招いたかつての自党のやり方(第一の道)でもなく、また、「機会の平等」を金科玉条に、人々の間の不平等の拡大を抑止できず、社会の分断状況を悪化させた保守党のやり方(第二の道)でもない新たな選択肢である。

この第三の道においては、「包含」(インクルージョン)を「平等」、「排除」(エクスクルージョン)を「不平等」と定義づけようという提案がなされている。社会のすべての人々に機会が与えられ、彼らが公共空間に参加する権利が保障されているとき、その社会は平等な社会だと言いうる。逆に、あるグループに属する人々が、社会が提供する雇用、医療、福祉等の機会から排除されているとき、その不平等状態は解消されなければならない。「可能性の平等」という言葉で表現されることもあるその理念のポイントは、「個々人の潜在能力をできるかぎり研磨する」ということにある。そこに、教育というものの役割がクローズアップされるゆえんがある(同書、第4章)。よく知られているように、ブレア氏は、政策の優先課題は「一に教育、二に教育、三に教育」だと声高に主張したのであった。

具体的に、現労働党政権においては、大都市のスラム化した地域であるとか、エスニック・マイノリティの集住地域に、「教育行動地域」(Education Action Zones, EAZ)、あるいは「都市部における優秀性」(Excellence in Cities, E・i・C)といった政策プログラムを通じて多くの予算が投下されている。それらの地域に在住する排除されがちな層の「可能性」を開花させ、彼らの「社会参加」の道を広げるためである。「競争は続ける。しかし、不利な条件のもとにある人々には援助を惜しまない」というのが、労働党の基本的スタンスである。以前の保守党との違いは明らかである。

日本が学べること

つい先日文部科学省は、初等中等教育局内に「教育水準部」という新しいセクションをつくり、二〇〇七年度から全国一斉学力テストを実施するという方針を発表した。学力低下論争を受けての「方針転換」以降の、一連の政策の決定版とも言えるのがこれであるが、そこにはイギリスの教育改革の影響が色濃く認められる。また、前章で述べたような学校選択制、あるいは文科省版「コミュニティ・スクール」などにも、明らかに同様の影響を見てとることができる。全部とは言わないが、近年の文教政策のかなりの部分のアイディアは、イギリスから来ていると言ってよいだろう。自民党と民主党の有志議員からなる「英国教育調査団」(?!)による出版物も出ているほどである(中西輝政監修『サッチャー改革に学ぶ　教育正常化への道』PHP、二〇〇五年)。

今日のイギリスの教育政策を「サッチャー改革」と呼ぶのは明らかに事実誤認である。また、

「教育正常化」といっているが、「誰が、どのように、日本の教育を「異常」なものとしてきたのか」という点についての認識も、疑問なしとはしない。何しろ、戦後ほとんどすべての時期の教育政策を決定づけてきたのは、自民党に他ならなかったのだから。

それはともかくも、現在の日本の政策担当者がイギリスから学んでいるのは、一言で言うなら新自由主義的な教育政策の動向である。できるだけお金を使わずに、競争原理や市場原理をうまく導入することによって、教育のパフォーマンスとその質を高めたい。選択と自己責任の論理を徹底させることによって、システムの効率を上げ、生産性を向上させたい。そのような発想が、彼らの目をイギリスに向けさせている。

まず指摘しておかなければならないのは、本書でのこれまでの論述からも明らかなように、「市場原理」や「選択と自己責任の論理」だけに任せておいたのでは、教育というものは決してうまくいかないだろうということである。公立学校に関して全面的な学校選択の自由を認めれば、地域社会が今よりももっと殺伐とした、希薄な人間関係しか持たないものになってしまうのは必定である。経済資本や文化資本に恵まれた「強い家庭」はその自由を謳歌できるかもしれないが、その家の子どもたちが、異質性を有した他者に対して不寛容な、利己的な大人に育たないという保証はどこにもない。また、そうではない「弱い家庭」の子どもたちは、イギリスで懸念されているような「社会的排除」の直接の対象となってしまうかもしれない。

全国一斉学力テストの導入についても、私たちは慎重であらねばならない。紙幅の関係上ここでくわしく述べることはできないが、イギリスにおけるテスト主義の横行、数値管理の徹底は、私には明らかに行き過ぎのように見える。表面上は元気に見えるイギリスの教育現場であるが、その勢いがどこまで続くかというと、それほど長続きしないのではという感じもある。教師一人ひとりが、そして学校という組織体が、結果・成果をあげるためにかなり無理をしているように見受けられるからである。その上、そこまでがんばっても、イギリスの子どもたちの学力は、ＰＩＳＡ二〇〇〇などの結果をみると、「中の上」レベルにとどまっている(ＰＩＳＡ二〇〇三では、統計上の不備があったため、イギリスのデータは国際比較にふくまれていない)。さんざん学力低下が指摘されている日本の子どもたちよりも、彼らはまだかなり「下」にいるというのが現状であり、競争的な学力向上策をとっていないフィンランドと比べるなら、その格差は歴然としている。

もとより、前章でもふれたように、フィンランドの好成績はさまざまな要因が複合的に作用した結果もたらされているのであり、フィンランドの政策とは対極をなすイギリスの学力向上策の効果はうすいのだということを、ここで主張したいわけではない。そうではなく、言いたいのは、改革項目の「つまみ食い」は、決してのぞましい成果をもたらさないだろうということである。

たとえば、文科省は、全国一斉の学力テストを行うというが、ひとつの学年にかぎっても全国で一〇〇万人以上の子どもが参加することになる。コストも何十億円とかかるであろう。しかし、何のためにそれをするのかという点については、明確なねらいは示されていない。子どもたちの学力の概略をつかみたいのであれば、サンプリング調査で十分なのであって、全数調査をする必要は全くない。イギリスでは、子どもたち一人ひとりの学習の進度を確実にモニターし、個々の学校での教育の効果を系統的に検討するために、ナショナル・テストが導入された。地域や学校間の熾烈な競争を招くという反対論があったものの、それが今日定着しているのは、描かれた改革の形がまがりなりにも実現し、そこそこうまく機能しているがゆえに、そうした「大義名分」がイギリスの人々に受け入れられたからに他ならない。

ケチばかりつけるような言い方になってしまったが、私は、今日のイギリスの教育改革に学ぶ所もいくつかはあると考えている。

ひとつは、「付加価値」方式という考え方である。今日のイギリスでは、各校のテストの成績が全国紙に一覧表の形で公表されることになっているのだが、その時に二種類の「数値」が提示されると考えていただきたい。第一の数値は、「生のデータ」と呼ばれるもので、そのままのテスト結果である。当然のように、イギリスにおいても学校間格差は顕著であり、恵まれた環境のもとにある学校の数値は高くなり、そうでない学校の数値は低くなりがちである。それに対する第二の数値が、付加価値方式によるものであり、それはある段階から次の段階への「伸び」を測ることで示される。イギリスでは、この付加価値方式による数値が、独自の価値をもつものと位置づけられている。

たとえば、A中の入学者の平均点が五〇点のとき、B中の平均点が三五点だったとする。それが、五年後の卒業の時に、A中では彼らの得点は七〇点まで、B中では六五点まで伸びたとしよう。第一の、通常の見方では、依然としてA中の方が「よい学校」だということになる(七〇対六五)が、第二の、付加価値方式の見方に立つと、三〇点(六五－三五)の伸びを示したB中の方が、二〇点(七〇－五〇)の伸びしかなかったA中よりも「ずっとよい学校」ということになる。こうした見方は、第4章でふれた「効果のある学校」論の見方と近い関係をもつものである。社会経済的なハンディキャップをもった地域にある学校の教育に携わる者にとって、このような見方が公式的に認められているのは、大いに勇気づけられることであろう。

今ひとつは、先にふれた「教育行動地域」(EAZ)や「都市部における優秀性」(E・iC)プログラムの推進である。それに対応するものとして、日本で唯一存在してきたのは「同和対策事業」であったが、二〇〇二年に裏づけとなる法律が失効したために、その事業はなくなってしまった。すでに同和問題は十分な改善を見せたという理由からである。同和地区の子どもたちの低学力問題は依然として深刻なままであるにもかかわらず。

今日イギリスでは、年間で数十億円に相当するお金が、それらのプログラムに投下されているという。受け手となるのは、ある地域に存在する学校の連合体がつくる委員会組織であり、地域に住む子どもたち・若者たちをエンパワーし、学力を高め、十分な教育資格を得させるための取り組みが、その資金によって企画・実施されている。社会で活躍する市民が生徒たちの相談役となる「ラーニング・メンター」の試み、地域に開設される補習のための「シティ・ラーニングセンター」の設置、朝食クラブや放課後学習クラブなどからなる「スタディー・サポート」の取り組み、中等教育段階での数々の「スペシャリスト・スクール」の創設など、その取り組みの中身は地域によって多種多様である。日本にも、このような視点を有した政策プログラムの導入が、早急にのぞまれるところである。

欧米の「効果のある学校」論との比較

欧米の「効果のある学校」の特徴

① 校長のリーダーシップ
② ビジョンと目標の共有
③ 学習を促進する学校環境
④ 教授と学習への専心
⑤ 目的意識に富んだ教授方法
⑥ 子どもたちへの高い期待
⑦ 積極的な評価
⑧ 学習の進歩のモニタリング
⑨ 子どもたちの権利と責任の尊重
⑩ 家庭との良好な関係
⑪ 学びあう組織

Sammons, P. at al., Key Characteristics of Effective Schools, in White, J. & Barber, M.(eds.), Perspective on School Effectiveness and School Improvement, University of London, 1996, pp. 77-124.

日本の公立学校の未来を構想していくうえで、第4章で述べた「効果のある学校」論は欠くべからざる視点を提供してくれると、私は考えている。第4章の後半で、私たちの行った調査から導き出された「七つの法則」についてふれた。第4章4節で解説した七つの項目について、今一度思い返していただきたい。

それに対して、上に掲載したのは、欧米版の「効果のある学校」の特徴である。リストは、サモンズという、イギリスの学校効果研究をリードしている研究者の論文から引用したもので、いわば欧米型の「効果のある学校」の最大公約数が並べられている。

このリストには、私たちのものと共通する項目もあり、一見すると似たような結果となっているように思われる。しかしながら、論文の中身をくわしく検討し、また、私自身がイギリスの学校を見てきた経験などを加味して言うなら、二つの項目リストには、次のようなコントラストが見出されるように思う。

第一に指摘できるのは、「個人・学習」対「集団・生活」の対比である。右に掲げた欧米の「効果のある学校」のリストが、主として教師生徒の個人的関係と学習場面に注目して作成されているのに対して、第4章に掲げた私たちのリストでは、「集団づくり」という言葉に代表される「子ども集団」「教師集団」への注目、そして、教師生徒の信頼関係をベースにした「生徒指導」「生活指導」の重要性への着目が顕著である。要するに、日本の「効果のある学校」の方が、「すそ野」が広い活動を行っているように思われるのである。

第二に、それと関連して、「学校中心」対「学校・地域とのつながりの重視」という対比があげられる。右のリストでも、⑩に「家庭との良好な関係」という項目があげられているが、論文を読むとそこには、「家庭の人々に学校での学習活動を理解してもらうことが肝心」といったことが書かれていて、「家庭訪問を頻繁に行って……」といった日本的なアプローチとの「温度差」があるように感じられる。また、「地域とのつながり」という点に関しても、欧米の学校でぞんざいに扱われているわけではないが、右のリストに現れてくるほどの重要事項だとは考えられていないようである。

第三に、「校長」対「リーダー層」との対比がある。はっきり言って、欧米の学校は校長次第というところがある。右のリストでも、その要因が筆頭にあげられており、その位置づけの重要性が推測される。片や日本の学校では、「はじめに校長ありき」というわけでもない。極端に言えば、校長がどんな人物であっても学校がそれなりにまわっていくのが、日本の学校の伝統的な特徴である。日本の学校で大事なのは、一人の傑出したリーダーというよりは、結束力のあるリーダー層である場合が多い。

こうしたコントラストは、欧米の学校と対比したうえでの日本の学校文化の特性をいやがうえにも浮き立たせる。私の子どもたちはイギリスの学校に通ったことがあるのだが、その時の経験をもふまえて言うなら、イギリスの学校文化は、日本よりもずっと「ドライ」である。息子の小学校で、上級生の男の子が教師に暴力をふるったということで放校になるという事件があった。「彼は約束を破った。だから、出ていってもらう」というわけである。「小学校での退学」は、私たちの常識の範囲内にはない。しかしそれは、彼らには常識であった。

イギリスの学校では、教師が教室に入らない生徒を追いかけ回すという、日本の公立中学校でありがちな光景は起こりようがなかった。授業規律を乱す生徒は、「レッドカード」をもらうような感じで教室からの退去を命じられ、校長室とか他の場所でのペナルティを受けることになっていた。それでもルールを守ろうとしない子どもには、最終的に放校処分が待ち受けるのみである(ちなみに、ある学校を退学になった子は、「空き」がある別の公立学校に入学を志願することができるため、イギリスのシステムでは、問題を起こしがちな子は「たらいまわし」にされる傾向が強かった)。日本の教師の指導が「つながる指導」だとしたら、イギリスの教師のそれは「切る指導」だなと感じたものである。日本ではありふれた「温情主義」的な処遇は、イギリスではほとんどなされない。したがって、それを知っている子どもたちはそれなりに振る舞おうとするし、教師たちも授業を中心とした自分の仕事に集中して取り組むことができる。イギリスの教師たちの帰宅時間は、私たちの常識からすると大変に早いものであった。それだけ、学校の役割も限定的に捉えられていたのである。

学校の未来

ここで、問題が生じる。これからの学校のあり方を考えるとき、従来型の学校文化を前提として話を進めるのか、あるいは、そうした旧来のものを否定し、それを書き換えていくような形で新しい学校文化を構想するのかという問題である。「木に竹を継ぐ」ような改革は功を奏しないだろうという観点から、私は前者のスタンスを採用したい。すなわち、日本の学校文化の伝統的な「よさ」を生かしながら、その不十分さを補っていくような新たな要素を付け加えていく漸進主義的なアプローチを採りたいのである。

学校は歴史的に、子どもたちに「学力」と「社会性」という二つのものを身につけさせることを主たる役割として発展してきたと言ってよいだろう。私自身は、それらのうち「学力」をより上位の目標として置きたい気持ちがあるが、今日の日本の状況を考えたとき、子どもたちの「社会性」を伸ばすという側面もそれと同等に大切であるという論調をあながち否定する気にもなれない。「はじめに」において述べたように、子どもたちの知的側面での「わける力」と「つなぐ力」(=「学力」)は、情意面・行動面での「わける力」と「つなぐ力」(=「社会性」)と不即不離の関係で発達していくべきだと考えるからである。

かつての日本では、「社会性」の部分はかなりの程度、家庭や地域社会のなかで育まれていた。したがって、学校は「学力」の部分に専念できたわけである。また、イギリスなどの西洋社会では、「社会性」の部分はもともと家庭や、学校外のその他の機関(宗教組織など)に委ねられており、学校はもっぱら「学力」の部分だけを受け持てばよいと考えられていた。しかし今日の日本では、事情は大きく異なっている。

地域の教育力の衰退が叫ばれてからすでに久しく、家庭教育の危機が取り沙汰されている今日、学校に狭い意味での「学力」だけを任せればよいという考え方は、いたって消極的であり、ある意味無責任でもある。教育コミュニティの考え方に見られるように、学校はもっと積極的な役割を担いうるし、また担うべきでもある。

子どもたちが長い時間を過ごす学校は、いろいろな人が集い、さまざまな活動が組み立てられる場所である。信頼のきずなで結ばれた仲間たちや大人たちとの共同的な活動・体験を通じて、子どもたちは「たしかな学力」と「豊かな社会性」を育んでいけるのである。第4章でみたように、日本の「効果のある学校」は、何よりも仲間とのつながりを大事に考え、集団のなかでの切磋琢磨を通じた人間形成の筋道を探究してきた。私たちは、その「遺産」を大切に継承しつつ、新たな時代の要請にマッチした学校の形を、柔軟かつ創造的に追求していかなければならない。

あとがき

次の文章は、「教育コミュニティ」の考え方を提唱した池田寛氏の著作からの引用である。

社会制度としての学校には、学力や個性の開花といった個人的な目的だけではなく、公共的な目的があるはずである。自分一人の目標を追求するのではなく、社会のために、他の人びとのために、自己の責任を果たしていこうとする精神や、まわりの人びととともに共通の価値の実現のために義務を果たそうとする道徳を育成することこそ、そして、そのような市民性を備えた人びとによって構成される共生的なコミュニティを育んでいくことこそ、公的な制度としての学校の役割なのではないか。(『人権教育の未来』解放出版社、二〇〇五年、一三九頁)

氏は、私たちが「効果のある学校」論を理論枠組みとして調査研究をはじめたとき、点数化される学力にフォーカスを当てすぎるのは危険だとし、めざすべき学校の姿を「協働的学校」

という言葉で捉え、このような主張をされた。氏は、私とは異なり、「学力」と「市民性」(私の言う「社会性」)とを異なるレベルの目的をもつものと対立的に捉え、「学校は、私的な欲望の追求手段としてだけではなく、公共的な目的に資するべきものである」という傾聴に値すべき意見を述べておられる。

「二〇〇一年東大調査」を実施する契機を与えてくださっただけでなく、その後私を大阪に呼び戻してくださった池田氏は、もはやこの世にはおられない。残された私は、池田氏が遺された一群の著作と向き合い、心の中で氏と対話をするのみである。

「プロローグ」で述べた、自分の心に深く刻み込まれている中学校・高校時代の思い出。そのことによって、若き日の私は教師になることを志し、その後、大人になった私は教育社会学をなりわいとする道を選んだ。その学校時代の数々の経験は、私の「学力」の礎になっているのみならず、合わせて私の「人間性」「社会性」の土台をも形づくっているに違いない。一体私は、学校教育の中で培ってきた自分の「力」を、私的な欲望の追求手段として使っているのだろうか、あるいは何らかの公共的な目的のために利用していると言えるのだろうか。池田氏はどうおっしゃるかわからないが、私自身は、「その両方です」と答えたい気持ちに駆られる。

学校教育で得たものが、個々人の生活をよりよいものとすることがなければ、そもそもその存在意義は薄いと言わざるをえない。しかし一方で、学校教育の中で利己的・打算的な人間ばかりがつくられていくとすれば、それもまた考えものである。学校は、あくまでも「両面作戦」でいかねばならない。「しっかりとした、豊かな学力」と「たくましく、しなやかな社会性」の双方を、やはり学校教育は追求していかなければならないのだと、私は思う。

本書を執筆するうえで、苅谷剛彦さんをはじめとする東京での研究グループの皆さん、さらには鍋島祥郎さんをはじめとする大阪での研究グループの皆さんには、大変お世話になった。彼らとの共同作業がなければ、決してこの本が世に出ることはなかっただろう。「協働」が力を発揮するのは、何も「子育て」にかぎったことではない。

次に感謝したいのは、大阪のE小学校とU中学校の関係者の方々である。両校を継続的に訪問することを通じて、私は本当にたくさんのことを学ばせていただいた。私が、「家庭・学校・地域の協働によってこそはじめて子どもたちの「学力の樹」がすくすくと育つのだ」と確信をもてるようになったのは、両校の先生方や子どもたちの姿を見たからこそである。

岩波書店編集部の太田順子さんには、いくら感謝してもしたりない。今回の私の企画を現実のものとしてくださった。そして、優しい言葉ながらも厳しく催促してくれたおかげで、私の原稿はそれほど遅れないですんだ。「やればできる」、この歳になって、この言葉が実感される機会を持つとは思ってもみなかった。

妻の貴子にも、感謝の言葉を申し述べたい。彼女はいつも、最も身近な読者として最も適切なコメントをくれるのみならず、元高校の国語教師という経験を生かして草稿に丹念に「赤」を入れてくれる。三人の男の子を育てた主婦としての経験に立つ彼女のコメントは、私の独りよがりや思い込みをずいぶん修正してくれた。

最後に、素敵なイラストを用意してくださった小池みささんに感謝。彼女の「樹」のイラストが、この本により一層のあたたかみを加えてくれたのではないだろうか。

本書で記述した内容に関して、思わぬ間違いや誤解があるかもしれないが、その責任はすべて私個人にある。「学力の樹」という、まだ十分にはこなれていない個人的なアイディアを展開した本書が、子どもたちの学力をめぐる広範な議論のひとつのきっかけになればと切に願っている。

二〇〇五年一〇月

大阪大学吹田キャンパスにて　志水宏吉

志水宏吉

1959年 兵庫県生まれ
東京大学大学院教育学研究科博士課程修了
(教育学博士)
専攻—学校臨床学，教育社会学
現在—大阪大学大学院人間科学研究科教授
著書—『「つながり格差」が学力格差を生む』(亜紀書房)，『福井の学力・体力がトップの秘密』(共編著，中公新書ラクレ)，『調査報告 学力格差の実態』(共著，岩波ブックレット)，『「力のある学校」の探究』(共著，大阪大学出版会)，『学力政策の比較社会学【国内編】』(共編著，明石書店)，『格差をこえる学校づくり』(共著，大阪大学出版会)，『学校にできること』(角川選書)など

学力を育てる　岩波新書(新赤版)978

2005年11月18日　第1刷発行
2018年4月5日　第16刷発行

著　者　志水宏吉《しみずこうきち》

発行者　岡本　厚

発行所　株式会社 岩波書店
〒101-8002 東京都千代田区一ツ橋2-5-5
案内 03-5210-4000　営業部 03-5210-4111
http://www.iwanami.co.jp/

新書編集部 03-5210-4054
http://www.iwanamishinsho.com/

印刷・三陽社　カバー・半七印刷　製本・中永製本

© Kokichi Shimizu 2005
ISBN 4-00-430978-6　Printed in Japan

岩波新書新赤版一〇〇〇点に際して

ひとつの時代が終わったと言われて久しい。だが、その先にいかなる時代を展望するのか、私たちはその輪郭すら描きえていない。二〇世紀から持ち越した課題の多くは、未だ解決の緒を見つけることのできないままであり、二一世紀が新たに招きよせた問題も少なくない。グローバル資本主義の浸透、憎悪の連鎖、暴力の応酬――世界は混沌として深い不安の只中にある。

現代社会においては変化が常態となり、速さと新しさに絶対的な価値が与えられた。消費社会の深化と情報技術の革命は、種々の境界を無くし、人々の生活やコミュニケーションの様式を根底から変容させてきた。ライフスタイルは多様化し、一面では個人の生き方をそれぞれが選びとる時代が始まっている。同時に、新たな格差が生まれ、様々な次元での亀裂や分断が深まっている。社会や歴史に対する意識が揺らぎ、普遍的な理念に対する根本的な懐疑や、現実を変えることへの無力感がひそかに根を張りつつある。そして生きることに誰もが困難を覚える時代が到来している。

しかし、日常生活のそれぞれの場で、自由と民主主義を獲得し実践することを通じて、私たち自身がそうした閉塞を乗り超え、希望の時代の幕開けを告げてゆくことは不可能ではあるまい。そのために、いま求められていること――それは、個と個の間で開かれた対話を積み重ねながら、人間らしく生きることの条件について一人ひとりが粘り強く思考することではないか。その営みの糧となるものが、教養に外ならないと私たちは考える。歴史とは何か、よく生きるとはいかなることか、世界そして人間はどこへ向かうべきなのか――こうした根源的な問いとの格闘が、文化と知の厚みを作り出し、個人と社会を支える基盤としての教養となった。まさにそのような教養への道案内こそ、岩波新書が創刊以来、追求してきたことである。

岩波新書は、日中戦争下の一九三八年一一月に赤版として創刊された。創刊の辞は、道義の精神に則らない日本の行動を憂慮し、批判的精神と良心的行動の欠如を戒めつつ、現代人の現代的教養を刊行の目的とする、と謳っている。以後、青版、黄版、新赤版と装いを改めながら、合計二五〇〇点余りを世に問うてきた。そして、いままた新赤版が一〇〇〇点を迎えたのを機に、人間の理性と良心への信頼を再確認し、それに裏打ちされた文化を培っていく決意を込めて、新しい装丁のもとに再出発したいと思う。一冊一冊から吹き出す新風が一人でも多くの読者の許に届くこと、そして希望ある時代への想像力を豊かにかき立てることを切に願う。

（二〇〇六年四月）